湘 江

张伟然 著

湖南人民出版社·长沙

湖南清絕地
萬古一長嗟

老杜句 偉秋 甲辰

目录

引
湖南清绝地　　　　001

一
三湘沦洞庭　　　　019

"湘水"　　　　021
三湘　　　　025
"湖南"　　　　028
南北孔道　　　　032
"出湖"　　　　041

二

湘川之奥　民丰土闲　047

斯民　049
其族　054
波折　061
本业　065
末作　072

三

惟楚有材　于斯为盛　077

人文初开　080
沦为荒裔　084
重新启动　090
渐洗蛮风　098
云蒸霞蔚　103

四

楚虽三户 亡秦必楚　109

地域性格　111
剽疾　113
劲悍尚气　119
呰窳偷生　132
终岁勤动　142
质直果敢　148

五

楚学离中原而独行　155

三闾大夫　158
欧阳父子　161
士多隐逸　164
湖湘学派　169
习于辞赋　175
船山遗老　180
道咸经世思潮　183
湖南派头　192

六
隔山不隔水 205

"方言楚俗讹" 207
"欸乃一声山水绿 213
"箫鼓远来朝岳去" 225
"祖每尊盘瓠,祠皆祀伏波" 229
"湖南人家重端午" 233
婿不亲迎 239
湘资与沅澧 242
自然与人文 246
山川之异 252

七
斑竹一枝千滴泪 259

参考文献 275
后记 277

引

湖南清绝地

湘水流,湘水流!九疑云物至今愁。
君问二妃何处所?零陵香草雨中收。

斑竹枝,斑竹枝!泪痕点点寄相思。
楚客欲听瑶瑟怨,潇湘深夜月明时。

——〔唐〕刘禹锡《潇湘神二首》

在我国数千年的文化史上,大凡稍微著名一点的河流,都有其卓尔不群的文化品格。例如长江,一提到它我们就会自然而然地想到"自江之南,号为水乡";而它的支流汉江,一提起来我们就会吟出"江汉朝宗于海"。就连一些比较小的河流如汴、泗诸水,历史上也有"汴水流,泗水流,流到瓜洲古渡头,吴山点点愁"之类令人口齿余香的名篇佳句。

要是我们说起湘江,那会是怎样的一幅景象呢?

清,深,幽,远;山川秀丽,人物多情——我们脑海里顿时就会浮现出这么一幅诗情画意的场景。挥之不去,历久弥新。

的确,自湘江在文化史上被人撩起她那神秘的面纱,她便以清、深的形象著称于世。

让湘江流进文明时代的是《楚辞》。最终自沉湘波的屈原不仅在《离骚》《涉江》《怀沙》《惜往日》《远游》等篇章中多次提到湘江及其姊妹河沅江,而且还在《九歌》中写有《湘君》《湘夫人》两个专篇。

但在《楚辞》里,湘江的面目终究还是模糊的。我们只能听到偶尔的一两声"浩浩沅、湘,分流汨兮",或"临沅、湘之玄渊兮",隐隐感觉到它在屈原的世界里波澜壮阔,有些地方深不可测;但在那片天和水之间飞扬着的,是湘君、湘夫人之间那缠绵悱恻的爱恋。那里是神的居所,整个弥漫着一股灵性的气息。"使湘灵鼓瑟兮，令海若舞冯夷！"神与人之间的交往也是那样的频繁而亲切。

为我们将湘江从遥远的天边引到眼前的是东晋时的耒阳人罗含。他被时人号为"湘中之琳琅""江左之秀"，曾写过一部著名的《湘中记》。该书又名《湘中山水记》《湘川记》，宋以后失传，幸好在其他书的引文中还保存着一些片段，其中最脍炙人口的一段见于《太平御览》：

> 湘水至清，虽深五六丈，见底了了然，石子如樗蒲矣，五色鲜明，白沙如雪。赤岸如朝霞，绿竹生焉，上叶甚密，下疏辽，常如有风气。

这段文字曾被郦道元改写入《水经注·湘水》中。这是湘江第一次在世人面前露出她那姣好的面容，清澈、幽深、明艳。从此，湘江便以她如诗如画的秀丽之姿出现在文人墨客的笔下，浮现在古往今来的心头。

时光流逝到唐代，湘江那清秀的面庞上又平添了一份幽远的色彩。安史之乱后颠沛流离的诗圣杜甫飘零到湖南，在一首《祠南夕望》诗中写道：

> 百丈牵江色，孤舟泛日斜。
> 兴来犹杖屦，目断更云沙。

> 山鬼迷春竹，湘娥倚暮花。
> 湖南清绝地，万古一长嗟。

末后这两句，我们已很难揣摩作者的心情。欢喜，怜惜，还是悲悯？不得而知，我们只看到在杜甫的眼中，湘江一如既往清深、明澈，江水和两岸的景色一如既往鲜艳、动人，而人事的寂寞，一如既往的寂寞，此刻却显得那样令人不可思议。

其实，湘江的清寂并不自唐代始。早在南朝，"潇湘逢故人"便已成为诗人吟咏的对象，与之相对应的是"不道新知乐，只言行路远"（南朝梁柳恽《江南曲》）。其时湘水流域的清简寂寞可想而知。入唐以后，这一形象更是大大地得以突出，不仅涌现出大量的如"潇湘过客稀"（皇甫冉句）、"莫厌潇湘少人处"（杜牧句）之类的诗句，"潇湘逢故人"这一过往话题也有了一个崭新的版本：

> （徐）安贞天宝后，以（李）林甫之故，避罪衡山岳寺。李北海（邕）游岳，识之，因戏曰："岘山思驻马，汉水忆回舟，暮雨衣犹湿，春风帆正开。——抑能记否？"因同载北归。至长沙，谓守者曰："潇湘逢故人，若幽谷之睹太阳，不然，委顿岩穴矣！"（《唐诗纪事》卷25）

这是一个极著名的掌故。"若幽谷之睹太阳"，说得有点夸张，却生动地将当事人的感觉传摹出来了。还有什么能比那样一种处境更有力地反映出"潇湘逢故人"的惊喜呢？由那样一种惊喜，我们不难想见当时类似机会之珍稀。而由那样一种珍稀，我们自不难领会湘江流域当时的寂寞，以及隐藏在寂寞背后的那份幽远。

此时赞叹湘水清深的自是不乏。刘长卿《入桂渚次砂牛石穴》有诗云：

扁舟傍归路，日暮潇湘深。湘水清见底，楚云淡无心。

这简直是上述罗含《湘中记》的唐诗版。而皇甫冉《送康判官往新安赋得江路西南永》一诗所谓：

不向新安去，那知江路长。猿声比庐霍，水色胜潇湘。

分明已将湘江的水色提升为一种类型化的概念。因为作者正在以潇湘作为比较的基准。尽管诗中认为新安江的水色比潇湘更胜，但当时的新安江显然并不比潇湘更能成为水色优美的代名词。何况，新安江的江水虽然具备了潇湘的清，却不具备潇湘的深，这一点有刘长卿咏新安江"寒水无波更清浅"的诗句可以为证。

了解到这样的历史语境，我们在读顾况"婉娈潇湘深"、李商隐"水色潇湘阔"、王元"翠欲滴潇湘"、齐己"窗户碧潇湘"

等形容湘江水色的诗句时，得到的印象该丰富得多。诗人们并不是在简单地直描，而是在复述着一个古老的文化传统。也许，作者原本就不是为了写景，而是借这些类型化的诗句寄托某种不便言说的感情。

是的，这里面有一种感情。只不过有的作者通篇写下来深藏不露，而有的作者愿意多少表白一点。韩愈曾在湘江边留下两个简直令人读了心痛的句子：

瞰临眇空阔，绿净不可唾。

尽管这之前和这之后都在絮絮叨叨一些别的事，但仅此两句，已足以显示这个曾走南闯北的北方人在湘江面前心被弄得特别柔软的感觉了。要不然，他怎么可能想得出那么新奇古怪的诗句？自此，"不可唾"便成为后人借以形容其他地方水色绿净的一件家当。

而套用平常语汇的，也有人翻出很富个性化的花样。孟郊所谓"万里丧蛾眉，潇湘水空碧"，是在揣摩古人的心境。韩溉的"潇湘月浸千年色，梦泽烟含万古愁"，无异于直抒胸臆。而最为人熟知的得数钱起，他在《归雁》诗中写道：

潇湘何事等闲回？水碧沙明两岸苔。二十五弦弹夜月，不胜清怨却飞来！

"两岸苔"显示了一种时间的刻度，"弹夜月"则在色的感受中加进了一种声音的元素。怨也是"清怨"，你说它是这景象本身的，还是身处景中的作者的呢？

读完这些，我们也许可以对上述杜甫的"万古一长嗟"悠然有所心会。

明净、秀丽，又清寂、幽远，这样的景致不仅宜于诗，显然也特别宜于画。不错，自五代山水画中的江南派兴起，潇湘就曾是许多名画家特别钟情的表现主题。

山水画江南派的始祖董源流传至今的一幅名作便是《潇湘图》长卷。该图取"洞庭张乐地，潇湘帝子游"的诗境，现藏北京故宫博物院。明人董其昌曾有跋语云：

> 余丙申持节长沙，行潇湘道中，蒹葭渔网，汀洲丛木，茅庵樵径，晴峦远堤，一一如此图，令人不动步而重作湘江之客。昔人乃有以画为假山水，而以山水为真画者，何颠倒见也！

故宫博物院还藏有宋代名画家米友仁的《潇湘奇观图》，而米氏流传至今的另一幅真迹《潇湘白云图》则藏于上海博物院。董其昌对《潇湘白云图》也有跋语：

> 此卷余从项晦伯购之，携以自随。至洞庭湖舟次，斜

阳篷底，一望空阔，长天云物，怪怪奇奇，一幅米家墨戏也。自此每将暮，辄卷帘看画卷，觉所将卷为剩物矣。

实际上，无论潇湘奇观也好，潇湘白云也好，米友仁画的潇湘，都不是真的潇湘，而是其住地京口一带。这在其本人的题跋中已说得很明白。将画题为"潇湘"，不过是因为他"于潇湘得画境"。他还在题跋中称：

余生平熟潇湘奇观，每于登临佳处，辄复写其真趣。

了解到这一层，我们可以知道，在当时山水画家的概念中，潇湘不单是一个地方，更重要的是它代表着一种意境。五代前蜀李昇画的《潇湘烟雨图》被冯梦祯称为：

笔意潇洒，浓淡有无，含不尽之妙。

显然这正是山水画家梦寐以求的艺术效果。由此我们可以领会，为什么在那段时间会有那么多人乐此不疲地绘制以"潇湘"为题的画作。

从这一意义而言，讲湘水流域是中国山水画江南派的摇篮，恐怕不是一句很过分的话。

其中特别值得一提的是北宋的宋迪。他曾创作过一个长卷，题为《潇湘八景》。所谓八景，指的是：平沙落雁、远浦归帆、山市晴岚、江天暮雪、洞庭秋月、潇湘夜雨、烟寺晚钟、渔村夕照。

苏东坡曾品评道：

> 宋迪山水长于平远。近好事家收其《潇湘八景》一卷，秀雅清润，冠绝一时。

从此，潇湘八景的说法便广为流行，以之为题绘画、题诗的蔚为壮观。如米友仁就曾画过潇湘八景图卷，又据记载有一个叫江贯道的也曾画过潇湘八景。

至于形之于诗的为数就更多了，宋元时期不少诗集如《石门文字禅》《北涧集》《雪楼集》《陈刚中诗集》等中都有咏题潇湘八景的诗。其中，《石门文字禅》中的《潇湘八景》诗云：

山市晴岚
朝霞散绮仗天容，无际山岚分外浓。
风土萧条人迹静，林蹊花木自鲜秾。

洞庭秋色
秋霁湖平彻底清，沧浪隐映曜光轮。
寒光炯炯为谁好，倚岸凭栏兴最清。

江天暮雪

长空暝色黯阴云，六出飘花堕水滨。
万境沉沉天籁息，溪翁忍冻独垂纶。

潇湘夜雨

岳麓薲檐苍莽中，萧萧江雨打船篷。
一声长笛人何去，箬笠蓑衣宿苇丛。

渔村落照

目断青帘在水湄，临风漠漠映斜晖。
渔郎笑傲芦花里，乘兴回家何处归？

远浦归帆

水国烟光映夕晖，谁家仿佛片帆归。
翩翩鸥鹭西风急，凝盼沧洲眼力微。

烟寺晚钟

轻烟罩幕上黄昏，殷殷疏钟度远村。
略彴横溪人迹静，幡竿缥缈插山根。

平沙落雁

寂寞蒹葭乱晚风，江波潋滟浸秋空。
横斜倦翼归何处，一点渔灯杳霭中。

应该说，这些诗篇未必能道尽八景的佳处，但不能不承认，这是值得注意的一个文化现象。甚至还有直接以"潇湘八景"作为风景秀丽的形容词的，如戴复古的《湘中》诗：

荆楚一都会，潇湘八景图。试呼沙鸟问，曾识古人无？痛哭贾太傅，行吟屈大夫。汀洲芳草歇，转使客情孤。

他还在另一首诗中写下过"心怀屈贾千年上，身在潇湘八景间"的句子。在这里，诗人不需更多的语言，"潇湘"二字已说明了一切。

因而，在南宋编成的地理总志《方舆胜览》中，潇湘八景便堂而皇之地作为潭州（治今长沙①）的"形胜"而出现。鲁迅曾批评中国人患有"八景病"，如果说这确实算一种病的话，病根无疑是在潇湘。

绘画与音乐往往有某种共通性。在山水画中出尽风头的潇湘，在音乐的世界里自然不会被视而不见。

有一首流传至今的古琴名曲叫《潇湘水云》，它是南宋浙派琴家郭沔的作品。据说作者的创作冲动是"每欲望九嶷，为潇湘之云所蔽，以寓倦倦之意也"。乐曲反映了浩渺烟波之间

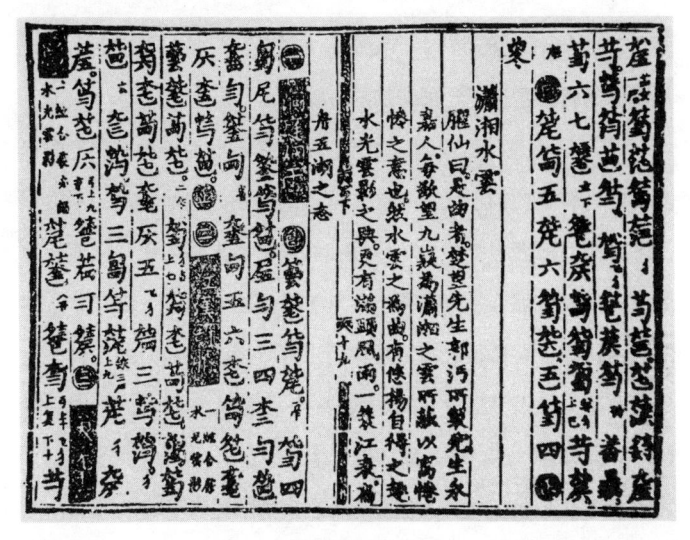

《潇湘水云》谱

云水掩映气象万千的艺术境界。记载这一曲谱的《神奇秘谱》对其解题说：

> 水云之为曲，有悠扬自得之趣，水光云影之兴，更有满头风雨、一蓑江表、扁舟五湖之志。

但显然由于音乐这一艺术形式过于抽象，后世以"潇湘"为题的仿作或竞赛之作并不多见。倒是在宋词中出现了不少与湘江有关的词牌名，如《湘月》《湘妃怨》《湘江静》《湘江春月》《湘灵瑟》等。而在元杂剧中，也有一部杨显之的名作《潇湘夜雨》。

不过这部杂剧与潇湘其实已没有多大关系,只是在关键时节借凄风苦雨的背景营造了一种悲婉的心境。

说不清究竟什么原因,明代以降,潇湘作为一种文化意象,其影响力较之此前已大为不如。八景的品题已遍地皆是,不限于潇湘,因而潇湘也就失去了以往在画家、诗人眼中那种摄人心魄的魅力。就连那么多以《平沙落雁》为题的乐曲——现存琴谱中的同名作品已有百种之多,堪称近三百年来流传最广的题材,此外还有题为《平沙落雁》的琵琶曲——一般人在欣赏这些作品时也不大会想到,这,曾是潇湘那个地方的专利。

潇湘,已仅仅成为人们发思古之幽情的凭借了。

好在天生丽质毕竟是一种客观的存在,世界上永远不会缺少发现美的眼睛。清初著名的地理学家刘献廷来到湖南,在其《广阳杂记》中深致感慨:

> 长沙小西门外,望两岸居人,虽竹篱茅屋,皆清雅淡远,绝无烟火气。远近舟楫,上者,下者,饱张帆者,泊者,理楫者,大者,小者,无不入画。天下绝佳处也!

如果我们套用古老的语言,大概总无法不承认,这一画面已在潇湘八景之外了。

笔者每次读《广阳杂记》的这段文字,内心都抑制不住一种深深的激动。因为就在这幅清雅淡远的图画里,笔者度过了充满着青春梦想的七年。每天推开窗户，湘江就像一条白丝带悬挂在天际。黄昏时顺着田埂漫步到湘江边，空气中总飘扬着一股浓烈的潇湘乡野的气息。

多少次笔者徜徉在湘江那宽阔的河滩上，玩沙、嬉水；多少次笔者行走在麓山之巅，看着脚底下自来自去的片片白云……

生活在这样环境中的人们，实在可谓诗意地栖居。

是的，这方水土自古便与诗有着不解之缘。

早在战国时期，三闾大夫屈原便曾在这里披发行吟，留下了我们民族永远为之骄傲的灿烂诗篇。我们能说在《楚辞》的瑰伟雄奇中，没有湘江的灵秀之气吗？

楚人以登高能赋而著称。不过起先所谓楚人多指今湖北。南朝以后，随着湘江流域文化面目的逐渐显露，这里特宜于诗的品性也渐渐地为世人所熟知。

刘禹锡曾借送一位诗僧之机总结道：

潇湘间无土山，无浊水，民乘是气，往往清慧而文。

而《唐语林》中则有这样一条记载：

衡山五峰，曰紫盖、云密、祝融、天柱、石廪。下人多文词，至于樵夫往往能言诗。尝有广州幕府夜闻舟中吟曰："野鹊滩西一棹孤，月光遥接洞庭湖。堪憎回雁峰前过，望断家山一字无。"问之，乃其所作也。

恐怕，再没有比这一事例更具有说服力的了。吟诗者是偶然碰上的，完全可以看作一次随机抽样。而尤值得注意的是文中本来讲"至于樵夫往往能言诗"，举出的事例却是舟子，想必作者还掌握着更多的材料而不耐烦枚举吧？

当地樵夫舟子尚且如此，外地有根性的到了那个地方，自然也是大受刺激。

唐代诗人张说本来"诗法特妙"，晚年谪居岳阳后风格大变，"诗益凄婉"，因而"人谓得江山之助"。这是诗坛上最著名，恐怕也是最早引起关注的诗风受自然环境影响的例证。

宋代李纲来到湖湘后也不得不承认：

> 湖湘间多古骚人逐客才士之所居，故其景物凄凉，气俗感慨，有古之遗风。

稍后的陆游说得更有点绝对：

> 挥毫当得江山助，不到潇湘岂有诗？

字面上虽然在化用张说的典故，但内中无疑也有作者本人的体认。

明代的公安派干将袁中道在为一位"诗文抒自性灵、清新有

致"的湘中诗人作品写序时,曾带着十分欣赏的口吻赞叹道:

> 湘水澄碧,赤岸若霞,石子若樗蒲,此《骚》材所从出也。其中孕灵育秀,宜有慧人生焉。其人皆能不守故常,而独出新机者。有首为变者出,则不惮世之毁誉是非而褰裳从之矣!

这一特点到了近现代表现得越发明显:

> 苍山如海,残阳如血!

历史上有哪位大英雄写出过这样雄浑、苍凉而优美的诗句?
没有。只有喝湘江水长大的人。
这便是湘江。

一 三湘沦洞庭

江汉分楚望,衡巫奠南服。
三湘沦洞庭,七泽蔼荆牧。
经途延旧轨,登闉访川陆。
水国周地险,河山信重复。
却倚云梦林,前瞻京台囿。
清氛霁岳阳,曾晖薄澜澳。
凄矣自远风,伤哉千里目。
万古陈往还,百代劳起伏。
存没竟何人?炯介在明淑。
请从上世人,归来蓺桑竹。

——〔南朝宋〕颜延之
《始安郡还都与张湘州登巴陵城楼作》

"湘水"

传世文献对湘江的记载，最早的得数《山海经·海内东经》的附篇了：

> 湘水出舜葬东南陬，西环之，入洞庭下。一曰东南西泽。

据周振鹤先生研究，这个附篇其实是一部被忽视了的秦代水经。所谓舜葬，指九嶷山。这条资料大概反映了很早的时候中原人对于湘江的一个概括性认识。

这一认识至迟在汉初已有了相当大程度的提升。在马王堆汉墓出土的古地图上，九嶷山附近的水道已被描绘得相当精准，其以南的西江和北江水系也出现了相当准确的大致轮廓。照道理讲，这样的地图不大可能是实地考察的原始记录，其背后应该已经历了相当长一段时间的知识积累过程。

因而到了东汉初年，以反映西汉一代地理状况为主的《汉书·地理志》对湘水的记载便有了程度相当明显的进步。该志在零陵郡的零陵县下有注文曰：

> 阳海山，湘水所出，北至酃入江，过郡二，行二千五百三十里。

稍后成书的《说文解字》也对"湘"字解释道：

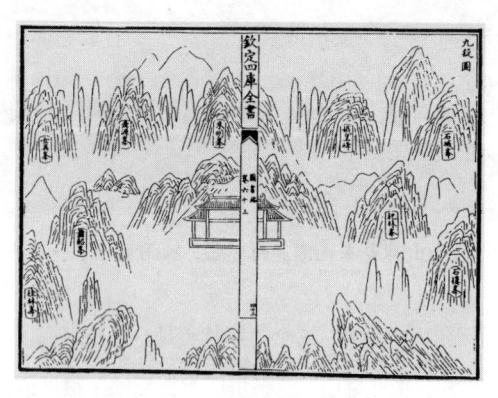

九疑图

阳海山

水。出零陵阳海山,北入江。

这两部书所据的未必是同一份水文地理资料,然而其说法竟如此相合,说明这些内容已成为当时人的常识。

汉代对湘江源头的认识已与后世的观念相合。上引秦代《水经》所谓的"湘水出舜葬东南陬"之文，清人毕沅以为：

> 湘水自广西入境，在舜葬西南，故云"西环之"也。

其实这一说法并不足以令人信服。所谓"西环之"，一定要有"环"的意思在里面。如果我们看一眼湘江流域的水系图不难发现，唯一较为贴切的理解是以潇水作为湘江的上源。潇水确实是从九嶷山舜庙前南流，再折而西流、西北流、北流然后注入湘江的。由此可以看到，从秦代《水经》到《汉书·地理志》对湘江记载的变化，包含了一个对湘江上源的重新认定过程在里面。

联想到秦始皇使监禄凿灵渠沟通湘、漓二水这一历史事件，上述秦代《水经》反映的显然应该是这以前的地理观念。

《汉书·地理志》以后，对湘江水系的一份较完整的记载便是郦道元为之作注的那部著名的《水经》了。这也是现存4世纪以前对湘江水系最丰富细致的一份描述。过去曾有不少人认为这部《水经》的作者是汉代的桑钦，因唐宋人著录桑钦曾有过这么一部著作，而《汉书·地理志》在叙述水道时还6处引用了桑钦的说法，尽管没有明确注出书名。但清代学者根据《水经》中地名的时代特征，证明其写作时代在汉魏之间，即大约是三国时的著作。而桑钦是汉成帝（前33—前7年在位）时人，如果说这部《水经》出自他之手，那只能说他不是人类，而是一个修炼了数百年的妖精。

如今我们已经可以从周振鹤先生的研究中知道，中国古代有一个撰写《水经》的传统。除了流传至今的这部《水经》及郦道元为它作的注、清代齐召南的《水道提纲》，上述《山海经·海内东经》的附篇是一部秦代的《水经》，《汉书·地理志》及《说文解字》水部所依据的也应该是不同时期成书的《水经》。了解到这一背景，我们可以说桑钦写过一部《水经》是完全可能的，不过它不是郦道元为之作注的那部《水经》。

公元5世纪出现了历史上对湘江最详尽的一份全景式描述，那便是郦道元的《水经注·湘水》。本来《水经》只用了139字记录湘江的起源、流经、去向及沿途注入的承水、洣水、漉水、浏水、沩水、微水6条支流，《水经注·湘水》则将篇幅扩张至约4500字，补充支流达30余条，其中包括营水、耒水等重要支流，而内容则不仅记录了地貌、水文等自然景观，还记录了沿途的名胜古迹、城池旧址、风土民情、传说故实乃至于政区沿革、祠庙等人文景观。此后单就某一方面的地理著作当然有超过它的，但将这么多内容有机地组成一篇优美可读的文学和史学的双料名作，再也没出现过。

这么一部伟大的著作，很多人以为都是郦道元的功劳。其实不尽然。我们知道郦道元并不是一个旅行家，他写《水经注》并不是靠自己的野外考察，而主要是利用了当时现成的资料。《水经注》总体来说对北方比对南方记载得详细，以前曾有人猜想是当时南北分裂、郦道元到南方来考察不够方便的缘故，实际上这完全与当时的资料基础有关。即以南方地区而言，湘江及其邻近的资、沅、澧诸水便注得相当翔实，完全够得上北方的水平。《水经注·湘水》中明确出现的书名有《湘中记》《零陵先贤传》《晋书地道记》《续汉书·五行志》《山海经》等，同时又多处注明了"罗君章云""罗含云"，显然也都指他的《湘中记》。

另外还有些既没注明书名，又没交代作者的语句，看起来像是郦道元的话，其实也出自别人的手笔。如《湘水注》中有一段描写在湘江中望衡山"九向九背"，语气上完全看不出是在引用，但通过其他资料可以证明，这正是《湘中记》中的文字，不过被郦道元略加以点窜。类似的情形在《水经注》其他部分也所在多有。

三湘

湘江从南岭山地起源，先是由西南向东北流，后折向北流，尾闾注入洞庭湖中。沿途接纳众多支流：于永州汇潇水，经常宁纳舂陵水，于衡阳收蒸水、耒水，于衡山接洣水，到株洲收渌水，过湘潭容涟水，抵长沙又吸浏阳河、捞刀河，至靖港得沩水。

按现代的说法，湘江的河口在湘阴濠河口，以下便算是洞庭湖的水域了。而更下游的还有一条汨罗江，历史上也曾被看作湘江的支流。唯其如此,屈原投水汨罗的事件曾被诗意地描述为"自沉于湘波"。

从水文特征而言,湘江在永州以上的江段为上游,永州至衡阳为中游,衡阳以下为下游。干流全长856公里,流域面积94660平方公里。

提起湘江,恐怕无人不知的是"三湘"之号。按《辞海》的解释,共有三说:(1)湘水发源与漓水合流后称"漓湘",中游与潇水合流后称"潇湘",下游与蒸水合流后称"蒸湘";(2)湘乡为下湘,湘潭为中湘,湘阴为上湘,合称"三湘";(3)近代一般用作湘东、湘西、湘南三地区的总称,泛指湖南全省。

在这三说中,第三说称"三湘"泛指湖南全省,当然没问题,但硬将其派定为指湘东、湘西、湘南三个地区,可谓无稽之谈。凭什么只有湘东、湘西、湘南而没有湘北呢?况且,湘东、湘西、湘南又是通过什么来划分的呢?说不清楚。

第二说有一部分历史依据,其最早出处为北宋初年的《太平寰宇记》,但原书中只提到湘潭、湘乡、湘阴为三湘,《方舆胜览》所引则谓为湘潭、湘乡、湘源,均未有下湘、中湘、上湘之号。按照一般的习惯,所谓上、下大多是以地势高低为言,可这里被称作上湘、中湘、下湘的湘阴、湘潭、湘乡在地势上正好倒过来,不可解。

何况,《太平寰宇记》这个出处实在也不算早,比"三湘"

出现的历史晚了约500年。以湘潭、湘乡、湘阴（或湘源）这些具体的地点来指实"三湘"与以"三湘"泛指整个湘江流域乃至湖南，这两者似乎也缺乏足够的必然联系。

相比之下，《辞海》的第一说与"三湘"的原义最为契合，尽管它也缺乏足够的文献依据。"三湘"一词见于载籍，当推本篇开头所引颜延年"三湘沦洞庭"的诗句为最早，与之大致同时的又有《宋书》所载大明七年（463）诏书，谓："方巡三湘而奠衡岳，次九河而检云、岱。"这两个用例的含义完全相同，都是以"三湘"指称整个湘江流域。因而将"三湘"理解为湘江的三个流段，或其流域中的三条著名支流，与原义应该都相去不远。

具体到《辞海》的这个解释，问题却不免仍有点大。所谓"漓湘"，显然是从"湘源"演绎而来；但称"湘源"尚可，而称"漓湘"则不成话。我们知道湘江从阳海山发源，流到灵渠后三七分水，三分南流为漓，七分北流为湘，因此我们讲"湘漓同源"没事；如果单讲南北分派以上的河段，恐怕只能讲"湘源"而没有将其合称为"漓湘"的道理。再说，潇水本是湘江上游支流，蒸水为湘江中游支流，该说法以"潇湘"为湘江中游、"蒸湘"为湘江下游，恐怕也没有将地形搞对。

与之异曲同工的还有另一种说法：潇湘、蒸湘、沅湘。即，湘江在上游与潇水合流，称"潇湘"；中游吸纳蒸水，称"蒸湘"；下游与沅水汇聚于洞庭湖中，称"沅湘"。这一说法见于雍正《湖广通志》，时代并不早，但总归比《辞海》中讲的漓湘、潇湘、蒸湘有文献依据，而且见解较为通达，不妨认为是一个比较合理的解释吧。

"湖南"

上面提到"三湘"可以泛指湖南，而在现在的行政区划体系中，湖南省的正式简称就叫"湘"。在此有必要交代一下湖南省作为一个区域的形成过程。

湖南号称"三湘四水"，四水指的是湘、资、沅、澧，呈向心状汇入洞庭湖中。因此湖南省总体上是一个向北开口的盆地，东、南、西三面分别是湘东山地、南岭山地、湘西山地，中部有湘中丘陵，北部则是地势低洼的洞庭湖平原。

照我们现在看来，在这样一个区域建立一个独立的省份简直是再自然不过的事。可是也未必。就全国范围而言，并不是每个完整的地理单元都能得到行政上的确认。秦岭、淮河，可算得中国最重要的地理分界线了吧？可是它们并没有成为省与省之间的界线。"天下多少不平事，巧妻常伴拙夫眠"，行政区域划界的时候何尝不如是？

再以湖南这个区域来说，这么一个完整地包含四水流域的地域范围，被纳入同一个高层（省级）政区，其实不过是清代湖南建省以来的事。在此之前的漫漫长路，它要么分属于不同的高层政区，要么与今湖北共属于一个高层政区。

当然，"湖南"作为一个区域的名称在此之前就已经存在，最早出现在唐代后期。安史之乱后，全国陆续设置了数十个方镇，成为事实上的高层政区（唐前期的政区基本上是州县二级制）。当时管辖湘、资二水流域的名为"湖南观察使"，这便是"湖南"作为地名的起源。

宋代以该区域设置"荆湖南路"，简称也作"湖南"。元、明两代今湖南全境属湖广行省，但一直设有以此为名的监察区（道），管理的区域稳定未变。直到清代建置成省，"湖南"包括的地域才扩展到整个四水流域。

如果我们着眼于区域的范围而不是区域的名称，那么早在东晋南朝，湘、资二水流域便出现了一个独立的高层政区，名湘州。晋永嘉元年（307）分荆、江、广三州立，后来迭经置废，到南朝宋孝建元年（454）才趋于稳定。这是历史上出现的第一个以今湖南省境为主要辖区的高层政区。

在此之前，湖南从春秋时逐步纳入楚国版图。秦统一后分属两郡，沅、澧二水流域属黔中郡，湘、资二水流域属长沙郡。汉代改秦黔中郡置武陵郡，分长沙郡置桂阳、零陵二郡。汉武帝设立作为监察区的州刺史部，汉末且变成高层政区，湖南全境（除江永、江华二县地外）在当时属荆州。三国时属吴荆州。西晋时今江永、江华二县地属广州，其余都属荆州。

南朝宋分立湘州的同时，又分荆州立郢州，领有沅水流域；而澧水流域仍属荆州。从此湖南便分隶三州。梁陈二代政区的数量急剧膨胀，沅、澧二水流域增设了若干州，而湘、资二水流域的变化较小。

隋代混一方宇，将政区恢复到州（郡）县二级制。唐代因之，但在高层又设立作为监察区的道，在开元十五道中，沅水中上游属黔中道，湘、资、澧水流域及沅水下游属江南西道。安史之乱以后，方镇（道）成为事实上的高层政区，元和末年46镇，湘、资二水流域属湖南观察使，洞庭湖东岸属鄂岳观察使，澧水流域和沅水下游属荆南节度使，沅水中上游属黔州观察使。

宋代以路为高层政区，今湖南分属荆湖南、荆湖北两路，后者重心在今湖北，辖有沅、澧二水流域。元明两代湖广行省的重心均在今湖北，清康熙三年（1664）分湖广行省为左、右二布政使司，六年（1667）改右司名"湖南"，至此湖南才单独成为一省。

上述高层政区的沿革表明，在建省以前，湘、资、沅、澧四水流域一直分为两大区域，湘、资二水流域从秦代起共处于同一个高层政区，东晋南朝、唐宋时期还设有独立的高层政区；沅、澧二水流域从秦代后便长期分属于不同的高层政区，始终未能单独设立高层政区。

这样的高层政区沿革过程是以统县政区（介于县级政区与高

层政区之间的中层政区）的设置为基础的，因此湖南统县政区的沿革也表现出湘资流域与沅澧流域有别的特点。

湘资流域在秦代本属一郡。汉代分为三郡，上游桂阳、零陵二郡，中下游长沙一郡。三国吴将资水中上游单独设立昭陵一郡，湘水上游仍为二郡，这一格局为后代承袭。湘水中下游右岸分为湘东、长沙二郡，左岸与资水下游合为衡阳一郡。隋唐将中下游调整为自上而下的三郡：衡山郡（衡州）、长沙郡（潭州）、巴陵郡（岳州），统县政区的格局至此形成。

沅澧流域在秦汉都只一郡，秦名黔中，汉改武陵。三国吴分澧水流域立天门郡，武陵郡专辖沅水流域，自此沅、澧流域分属于不同的中层政区。天门郡即为后世的澧州。隋代分沅水中上游为沅陵郡，武陵郡专辖沅水下游。唐代在沅水中上游开设五州，宋代调整为辰、沅、靖三州，至此统县政区的格局始全部奠定。

透过以上中层政区的分设过程，我们可以看到一个很有规则的现象：湘、资二水流域中层政区的稳定次序是从上游顺流而下，而沅水流域则倒过来，是从下游渐次上溯到中上游。表现在方位上，前者由南向北，后者则由北而南。自宋代以降，三湘四水间的中层政区都比较稳定。

南北孔道

熟悉中国历史的人，大概没有不了解湘江对南北交通的意义的。公元前221—前214年，中国历史上第一条由中央政府决策开凿的运河——灵渠便出现在它的上游。

与这一事件有关的记载，目前较为完整的在《淮南子·人间训》中：

> 秦皇……又利越之犀角、象齿、翡翠、珠玑，乃使尉屠睢发卒五十万为五军：一军塞镡城之岭，一军守九疑之塞，一军处番禺之都，一军守南野之界，一军结余干之水，三年不解甲弛弩，使监禄无以转饷，又以卒凿渠而通粮道。

这条资料讲的是秦始皇经营岭南的用兵方略。里面显而易见的行军线路有三条："塞镡城之岭"为沅水一道，"守九疑之塞"为湘水上游支流潇水一道，"守南野之界"为江西的赣水一道。另外，余干水为今江西信江，有人认为那一军的意图是取道信江由赣入闽，然后绕道粤东以抵番禺（今广州）。而"处番禺之都"一军的行走路线不明，已故的广东历史地理学家徐俊鸣认为很可能是从骑田岭隘和连江下来的，颇见有地。

历来大规模行军所走的路线都是当时较为重要的交通线路。上述五条进兵线路中有三条在今湖南，其中两条取道湘水——除潇水外，走骑田岭隘的一道等于是取道湘江的另一条支流耒水。而所谓"凿渠"则指凿灵渠，唐代以前写作"零渠"或"澪渠"，近世亦称兴安运河。这样，秦代通过湘江流域的过岭交通共有三道，其中灵渠开凿的目的还特地是为了"通粮道"，湘江在沟通珠江和长江两大水系上的作用可想而知。

百年后，汉武帝再次对岭南用兵：

> 元鼎五年（前112）秋，卫尉路博德为伏波将军，出桂阳，下湟水；主爵都尉杨仆为楼船将军，出豫章，下横浦；故归义粤侯二人为戈船、下濑将军，出零陵，或下离水，或抵苍梧；使驰义侯因巴、蜀罪人，发夜郎兵，下牂柯江；咸会番禺。

《汉书·南粤王传》记载的这次行军路线，与上一次可谓大同小异："出桂阳"即取道耒水，"出豫章"即取道赣水，"出零陵"为取道潇水，"下离水"为取道灵渠。这四道都是上一次走过的，其中三道在湘水。

事实上，湘江流域的这几条交通线路在整个古代一直在起作用。宋人周去非在《岭外代答》的"五岭"条中说：

> 自秦世有五岭之说，皆指山名之。考之，乃入岭之途五耳，非必山也。自福建之汀（州）入广东之循（今龙川）、梅（州），一也；自江西之南安逾大庾（岭）入南雄，二也；

自湖南之郴（州）入连（州），三也；自道（州）入广西之贺（州），四也；自全（州）入静江（今桂林），五也。

这当然只是一种说法，但不能不承认这种说法有相当的道理。其中，所谓自郴入连即取道耒水，自道入贺即取道潇水，自全州入静江即取道灵渠。

只是，交通线路有时并不能说明太多的问题。对交通运输而言，还有比线路更多甚至更重要的影响因素。

那便是技术手段和区位。

就技术手段而言，在古代一直都差不多，基本上没有什么变革；但从20世纪以来，由于汽车、火车的应用，虽然走的仍是湘江谷地，运力自然是不可同日而语了。沿湘江干流和耒水南北延伸的京广铁路，如今是全国首屈一指的南北大动脉。

自火车、汽车投入使用，水路交通的重要性便大大下降了。过去人们形容水路交通动不动便讲"黄金水道"，如今恐怕连"白银""青铜"都算不上了。

就区位而言，在自然地理中，看起来它当然不太会变；然而在人文地理中，贯穿整个历史时期，它一直在变。它决定了对交通线路的选择。

最重要的区位，在历史时期的人文地理中，当然是与首都和外贸港口的相对位置。如果将中国古代的空间结构比作一个物理学上的"场",那么首都和外贸港口便是这个场上不断发出引力的正极和负极。处于这两极之间的地方,受到的引力最大,发展也就最为有利;相反,如果偏离了这两极之间的连线,受到的引力便大为衰减,发展的速度自然也就相应地大打折扣。

在五口通商以前的古代,作为外贸港口的一极曾长期稳定在岭南,其中大部分时间位于今广州;而作为首都的一极则自关中而汴洛、自汴洛而北京,不断地东移。其间还有不少时期南北割据以至南方的政治中心偏于东南一隅,这些都是改变人文地理区位的因素。

秦汉时期,首都位于关中或洛阳,位置较为西偏;而出海港口在北部湾沿岸的徐闻、合浦,位置也较为西偏,其时南北交通多取道今湖南、湖北,湘水的交通地位十分重要。

《汉桂阳太守周府君功勋铭》称:

> 郡又与南海接比,商旅所臻,自瀑亭至乎曲红,一由此水。

所谓"郡"指桂阳郡,其治所在今郴州;而"此水"则指泷水,为秦水支流。文中讲到的水路交通从大处着眼便是连接湘江与珠江水系的,在湘江流域所经为耒水。

又《后汉书·郑弘传》载:

> 建初八年(83),代郑众为大司农,旧交趾七郡贡献转运,皆从东冶(今福州)泛海而至,风波艰阻,沉溺相系。弘奏开零陵、桂阳峤道,于是夷通,至今遂为常路。

这条资料讲的是陆路,实际上仍是讲水路。因为在湘江和珠江两个流域之间,横亘着我国最南的一大南北地理分界线——南岭,古人称岭峤。它山形破碎,存在着多处过岭通道,但对交通而言终归是障碍,于是历史上多有开峤道之举。实际上走过这一段峤道之后,仍是要走水路的。所谓桂阳峤道,显然是接耒水;而零陵峤道则有可能是接潇水,也有可能是在湘水正源附近别开山路,因为灵渠的运输能力一直较为低下。"夷通"之后"遂为常路",表明这些措施在当时起到了应有的作用。

可是好景不长,接下来的魏晋南北朝时期,形势急转直下。

一方面是长期的南北分裂,南方的政治中心经常性地位于长江下游的建康(今南京);而另一方面,出海港口则由北部湾沿岸东移并逐渐稳定于今天的广州,这两端之间的连线,自然以取道赣水较为直接。

隋唐时期首都又恢复到长安、洛阳,可这时又出现了一个新的因素,那便是隋代开凿了沟通黄河与长江两大水系的大运河。它与赣江水系的对接远比与湘江水系来得近便。北宋还将首都东移至开封,由此产生的效果对湘江流域而言简直无异于雪上加霜。

欧阳修对这一局面观察得十分清楚：

> 盖江西出岭，路绝近，次则出湖南，已为稍远。

而《宋史·食货志》也记载："广南金银、香药、犀象、百货，陆运至虔州而后水运。"其间原因，宋人余靖还认为纯粹只是首都位置的关系：

> 唐、汉之西都也，縠湘衡而得骑田，故武水最要。今天子都大梁，浮江淮而得大庾，故真水最便。

其实并不见得。来自反面的资料在此可以说明问题：

> 有唐都长安三百年，商于为近辅……自大历、贞元之后，王室微弱，李希烈陷大梁，李锜继叛，由是汴路或不通焉，吴越、江淮、荆湘、交广郡史上计，皇华宣风，憧憧往来皆出是郡，盖半天下矣。

由此可见，如果汴路即大运河畅通，唐代的南北交通一般也是走大运河的。既然如此，首都的位置就不是一个起决定性作用的因素。

个中关键，余靖曾于无意中一语道破天机：

> 凡广东、西之通道有三，出零陵下漓水者，由桂州；出豫章下真水者，由韶州；出桂阳下武水者，亦由韶州。无虑之官峤南。自京都沿汴绝淮，由堰道入漕渠、溯大江、度梅岭、下真水至南海之东、西江者，唯岭道九十里为马上之役，余皆篙工、楫人之劳，全家坐而致万里。故之峤南虽三道，下真水者十七八焉。

就是说，这里面牵涉到一个水路与陆路两种交通运输方式的比较问题。既然省力，"全家坐而致万里"，那么运输能力自然也是大大有别。在北方，陆路交通也许还可以借助大车骡马任其劳；颠簸在南方崎岖的山路上，那就只有肩挑背驮手提之一法了。

唐代大诗人李白曾哭诉："行路难，行路难！"如果他背着大包小包踟蹰在河边，看着片片风帆悠悠地来来去去，恐怕会更加感慨系之。

元明清三代首都进一步东移到黄淮海平原的北部，取道大运河的交通在全国仍占据着主导地位。

明人杨士奇对此曾有所描述：

> 逾淮而济而汶，两京之通道也，凡南方两淮、两广、江东西、湖湘、浙、闽、黔、蜀其方伯郡邑百司，与夫海外番国蛮夷君长之贡献朝觐受事请命者，商贾之懋迁者，往还交错，蚤暮不息。

这讲的是大运河的北段。既如此,深受这一交通格局制约的赣江和湘江的交通形势也就无可移改。

以上所言是相对的交通地位。由于社会经济的发展,湘江水系绝对的交通量当然随时代有所进步。

较为明显的是宋代,尤其偏安东南一隅的南宋。一位地方官在《谕州县官僚》文中写道:

> 潭之为州,蛮舶萃焉,犀珠宝货,见者兴羡。

潭州的治所在长沙,"蛮舶萃焉"表明当时取道湘江的海外贸易颇有不少。而国内方面,当时从东南往广西的交通仍取道湖南,大致顺今浙赣铁路线西行,然后溯湘江而上。范成大在其行记《骖鸾录》中描写南岳山麓的岳市:

> 环皆市区,江、浙、川、广种货之所聚,生人所须无不有,既憧憧往来,则污秽喧杂。

联想到唐人对湘江流域那种"清绝"的感受,对"潇湘逢故人"那种意外的惊喜,此时恐怕不能不感叹天下真小,变化太大了。

明代又有一个新的变化,即开通黔、滇。此前湖南一直作为文化上的边陲,再往西南便是少数民族文化的分布范围。此时湖南一跃而成为内地、腹心,交通更是大大地发展。光绪《湘潭县志·货殖志》称："岭表、滇、黔必道湘、沅"，而且"西北镃货往者亦就湘、沅舟运以往"。这种情势显然是前人所不敢梦见的。

从中特别受益的还是湘江的姊妹河沅水。常德"为京省水陆通衢，入滇必由之路"，在明代还只被称为"人聚五方，气习日移，尚侈靡者僭礼逾分之不顾"；到清中叶便被称为"衣冠礼乐为名区，文物甲湖右"了。到清后期，发展的势头一发不可收，时人称："宦游、贾客入滇黔者多寓家于此，风气繁庶，为楚南之最"，以至"妇女衣饰等于吴俗"，而"市肆交易与汉口相埒"。

在清后期还有一个特殊的变化，那便是太平天国时期长江下游的水路交通大受影响，以至内地不得不"专恃湘潭通岭南"，也就是说湘江的地位大为吃重。容闳曾在《西学东渐记》中叙述其1859年的亲身见闻：

> 湘潭亦中国内地商埠之巨者，凡外国运来货物，至广东上岸后，必先集湘潭，再由湘潭分运至内地。又非独进口货为然，中国丝茶之运往外国者，必先在湘潭装箱，然后再运广东放洋，以故湘潭及广州间商务异常繁盛。

可惜这一局面并没有维持多久：

> 迨后外洋机械输入，复经国际战争及通商立约等事，

而中国劳动界情势，乃为之一变。

这一变的具体情形非常复杂，简单地说，便是中国对外贸易的重心由广州北移到上海，再加上航运工具的近代化，使得长江作为黄金水道的含金量大大提升，通过湘江以沟通南北的需求有所下降。

所幸技术革新所带来的好处是人人得而分享的。全国的外贸格局以及由此影响的交通情势发生改变之后，湘江作为交通线路的相对地位虽有所下降，但随着机器航运业的兴起，湘江的交通能力也得到了改善。以至于在讨论粤汉铁路兴建的时候，还有守旧的绅士预判：铁路修建的成本那么高，运行费用那么大，修起以后一般老百姓也用不起；而轮船运输成本低，运行又较为机动，相竞争的结果，肯定是铁路入不敷出而趋于破产，机器航运事业蒸蒸日上。

这样的预判如今当然已成为笑料，但笑过之后我们可以细细地回味，在当时的社会经济条件下，近代化的航运工具是何等充分地满足了三湘四水间对交通运输业的需求。这种满足曾作为一种渴望在历史上等待了那么久。

"出湖"

在近代化的交通工具应用之前，湘江流域从地理位置上虽然并不算十分偏僻,交通线路也自古便存在,但流域内与外面的交通一直存在问题。

南面,与珠江流域之间隔着一道自古令中原人谈虎色变的巨大屏障——南岭。过岭交通一直是通过肩挑背扛的方式予以解决的。清末人容闳在《西学东渐记》中曾记载南风岭下从事搬运的劳动者不下十万人,这条资料一直被当作可反映其时过岭交通相当繁盛的证据,但其间的艰难也可想而知。

历史上曾有一首著名的民谣:

船到郴州止,马到郴州死,人到郴州打摆子。

其中第一句讲的是从此地再往南去便舟船不通,第二、三句则是讲此地有一种地方性流行病,古代称之为"瘴",近世谓之曰"疟",俗称"打摆子"。从中原来的人乃至于动物如马之类都难以适应,极易感染,而一旦感染则凶多吉少,性命堪忧。

笔者曾多次查找过这一民谣的出处,迄无着落,不知它起源于哪朝哪代。但少年时负笈长沙求学,以及后来上郴州探亲访友,都经常听到有人念着它取笑。

这首民谣讲的是从湘江往南的情况,偏偏从湘江往北也颇多不便。因为在北面,湘江与长江之间横着一片烟波浩渺的八百里洞庭。

按说水路交通是比较便利的,可我们熟知有一句古话叫"水能载舟,亦能覆舟"。洞庭湖的存在对于湘江流域的对外交通,在传统的航运技术条件下实在是一个巨大的障碍。

大概在汉魏以前,洞庭湖作为险阻便已引起中原人的注意。《晋书·杜预传》载:

> 巴丘湖,沅湘之会,表里山川,实为险固,荆蛮之所恃也。

所谓巴丘湖即洞庭湖。因而在平吴后,杜预主持开凿了一条自江汉平原以达于洞庭湖的扬口运河。

但作用似乎并不明显。到了唐代,由于传世史籍的增多,洞庭之阻便不断地形之于诗人的吟咏。戎昱在《湖南春日二首》中写道:

> 三湘漂寓若流萍,万里湘乡隔洞庭。羁客春来心欲碎,东风莫遣柳条青。

所谓"万里",极言湘江流域距中原之远。有谁说,这"万里"不是因洞庭之隔呢?方干也在一首送友人的诗中有云:

> 云雨一消散,悠悠关复河。俱从泛舟役,遂隔洞庭波。

这里作者虽然没有讲被洞庭波隔得怎样怎样,但"悠悠关复河"一句,已足够让我们体会到其中的无限深意了。

直至清初,湖南一位地方官还在请求与湖北分别进行乡试的报告中陈诉:

> 洞庭之水，自夏初至秋，尽巨浸汪洋，绵亘数百里，狂风恶浪，发作不常。每当大比之年，贫寒士子，或十数人、或数人敛费僦舟，冲涛而往，一舟覆溺则所损者多人，一番沧波则各郡县引以为戒。于是湖南士子畏怯不前，有终身未见场屋者。动曰湖南人少，是因洞庭之险而少，非诸生额数少于湖北，郡县少于湖北，学册舆图历历可稽也。

这份报告是说给上级听的，而且怀着特定目的，也许有人会认为不免过甚其词。可在其他史料中分明还有可以与之相印证的记载。同治《桂东县志》在夸耀当地文教事业的进步时得意地宣称：

> 往岁阻洞庭，乡试不上十人，分闱后争自劝学，登甲乙者不绝。

所谓往岁，显然指清初以前的事。这条资料与上一条来源不同，内容却相互契合，可见得"阻洞庭"确实是一个严重的历史存在。

当代著名的湘乡籍历史学家陈旭麓曾在一篇文章里写道：

> 童年，常听长辈说某某"出湖"了，那是说他有了出息，出了头。但不明白为什么要叫"出湖"，词源何来？过了许多年，才知道"湖"是指洞庭，"出湖"就是出洞庭湖。"洞

庭波送一僧来",八指头陀出了湖;《洞庭湖》杂志创刊,湘籍留日学生出了湖,湖南的名山胜水,就是这样鼓舞着她的儿女前进。

陈先生的童年在20世纪的20年代。从他所举的事例来看,"出湖"的观念是从前清一直传承下来的。有理由相信这一观念在民间早已存在了相当长的时间。陈先生用他豪迈的胸怀、深情的笔调,抒发出湖南的名山胜水鼓舞着她的儿女前进的一面,我们也完全可以想象,那份鼓舞背后又深藏着多少无奈,意味着多少限制。"出湖"就表示有出息,已活生生地说明了那时从湘江流域走到外面去有多不容易!

正因为对外交通不便,湘江流域的文化风气与外面相比有一个鲜明的特点,那便是闭塞、守旧。民国时曾有湘人痛感:

> 湖南风气闭塞,巨绅宿儒或厌言时务。丁酉、戊戌间稍稍发舒,以雁政变遂致不振,迨兴学令下,仍怀疑阻。

这一点完全不令人奇怪,近代以来,湖南一直以守旧而著称。戊戌维新前梁启超在与朋友谈到湖南时说:

> 守旧之坚亦过于他省。

谭嗣同亦在与友人的书信中承认:

> 溯自三十年来，湘人以守旧闭化名天下。

类似的评论在当时屡见不鲜。唯其如此，近代史上那些以守旧闻名的人物颇多出自湘江流域。到辛亥革命时，第一个为清廷殉职的将官也是湘人。当时他还以为机会来了，可以做平定太平天国的曾文正公（国藩）第二呢。

不过从另一方面考虑，近代著名的新派人物也颇多出自湘江流域。而且有一点很明显的是，湘人若趋新起来比任何一个地方的人都更趋新。谭嗣同曾写道：

> 中国沿元明之制，号十八行省，而湖南独以疾恶洋务名于地球……然闻世之称精解洋务，又必曰湘阴郭筠仙侍郎、湘乡曾劼刚侍郎，虽西国亦云然。

文中提到的两位侍郎即郭嵩焘、曾纪泽。事实上当然远不止这两位，翻开任何一部历史教科书我们都可以看到，近代以降，领先于时代风气并改变中国历史的湘人如谭嗣同、宋教仁、黄兴、蔡锷等等简直是一拨一拨、一茬一茬的。如果我们却顾湘江流域的地理环境，有谁能说这一点不是受到了那一方水土的刺激呢？

——湘江，湘江哟！

二　湘川之奥　民丰土闲

湖南无村落，山舍多黄茆。
淳朴如太古，其人居鸟巢。
牧童唱巴歌，野老亦献嘲。
泊舟问溪口，言语皆哑咬。
土俗不尚农，岂暇论肥硗。
莫徭射禽兽，浮客烹鱼鲛。
余亦罘罝人，获麋今尚苞。
敬君中国来，愿以充其庖。
日入闻虎斗，空山满咆哮。
怀人虽共安，异域终难交。
白水可洗心，采薇可为肴。
曳策背落日，江风鸣梢梢。

——〔唐〕常建《空灵山应田叟》

斯民

在中国传统的农业社会中，户口是一个很奇怪的东西。按说，人作为消费者，其生存繁衍需要以消耗资源、能源乃至于社会成本为代价，可是，历代统治者都把户口增长当作经济得到发展的极重要的指标。

这里面当然是有道理的：人，不仅是消费者，同时也是生产者。只要将更多的人纳入国家的户口体系，政府便相应地有了更多的财政收入。

正因为如此，我们对历史上的人口状况一般都是通过户口进行感知的。这两者之间当然不无差距，例如有时可能存在着脱漏，而有时政府根本就不对全部人口进行统计。但作为一个相对的指标，户口对于衡量一个地方的社会经济发展水平还是大体可用的。况且除此之外也没有更好的有效的指标。

我国第一份全国性的户口资料见于《汉书·地理志》。此前的人口状况已无法讨论。据该志的数据进行推算，元始二年（2）辖有湘江流域的长沙国和零陵、桂阳二郡在今湖南省境分别有口数223358、88546、79864口，密度分别为每平方公里2.99、2.68、2.94人，在全国居很低的水平。

时人的感觉对此也有恰如其分的反映。《史记·货殖列传》称：

> 楚越之地，地广人希，饭稻羹鱼，或火耕而水耨，果隋蠃蛤，不待贾而足，地势饶食，无饥馑之患，以故呰窳偷生，无积聚而多贫。是故江淮以南，无冻饿之人，亦无千金之家。

文中有几个字较为难懂，但对理解总体意思当无大妨碍。

这一状况到东汉发生了明显的变化。《续汉书·郡国志》所载永和五年（140）的口数，长沙、零陵、桂阳三郡在今湖南省境分别为 999373、669658、257665 口，由于长沙、零陵二郡之间的界线相比西汉有变动，口数与西汉难以进行简单的比较，将其换算成人口密度后再对比，则此时分别为每平方公里 14.43、17.6、9.47 人，为元始二年的 4.83、6.57、3.22 倍。其中湘江流域干流所经的长沙、零陵二郡增加特别突出。

值得注意的是，就全国范围而言，永和五年的户口比元始二年总体上有所减少。但其中南方 20 郡国普遍有所增加，以湘江流域的增长最为明显。

这么大幅度的户口增长显然不可能是人口的自然增长所致，它意味着当时发生了一次较大规模的人口南迁。湘江流域尤其干流附近的户口增长独占鳌头，显然与它当时作为南北交通主干道的地位密不可分。

魏晋南北朝时期，湘江流域的户口同全国一样不断减少。

《晋书·地理志》所载西晋太康元年（280）户数，湘江流域的长沙、衡阳、湘东、零陵、桂阳5郡，按比例扣除在湘江流域之外的部分，共得105300户，约合691821口。仅仅相当于东汉永和五年的1/3。

《宋书·州郡志》载有刘宋大明八年（464）户口，湘江流域的长沙、衡阳、桂阳、零陵、营阳、湘东6郡共得20481户，200601口，分别只相当于西晋太康元年的1/5、1/3。

但是据文献记载，自东汉末年以后湘江流域多次接受了外来的移民。因此这一时期户口的减少显然只是统计上的原因，实际人口应该有所增加才对。

隋代对户口进行整顿，称"大索貌阅"，全国的户口增长很快。然而据《隋书·地理志》所载大业五年（609）户口进行推算，湘江流域仅23950户、123735口，不仅在全国8907546户、46019956口的总数中所占比例微乎其微，而且口数较刘宋大明八年还大为减少。

入唐以后，湘江流域的户口大幅度增加。《旧唐书·地理志》载有"旧领"和"天宝领"两个户口数字，前者有不少人认为当系于贞观十三年（639），湘江流域有170586口，较之隋代已有不少增长；后者有不少人认为系于天宝元年（742），湘江流域尽管郴州缺数字，其余地方仍有623668口之多。而安史之乱后，中原多故，湘江流域还接受了不少北方移民，史称"襄邓百姓，两京衣冠，尽投江、湘"，流域内人口显然又有所增长。

五代时湖南有马殷割据，湘江流域大部分时间较为安定。宋代湖南的社会经济高速发展，乾德元年（963），湖南口数约50万，元丰六年（1083）增长到180余万，崇宁年间（1102—1106）又增长到260多万。在这260多万中，湘江流域为1855530口，较唐天宝年间增长了近两倍。

两宋之际金人南下，又有北方流民武装进入，湘江流域的社会经济遭受极大破坏。但此后一直比较安定，社会经济不仅得以恢复，而且还颇有发展，估计到嘉定十六年（1223）前后，湖南共有720多万口。

宋末元初湘江流域再次遭到严重破坏，终元一代户口未能恢复到宋代水平。《元史·地理志》载有至顺元年（1330）户口数，湖南共有569万余口。湘江流域此时上游的全州已改属广西，在湖南境内的部分共得2049323口。

明初两湖人口锐减，江西移民大量进入，史称"江西填湖广"，为我国移民史上引人注目的一个事件。但终明一代湖南在籍户口却远比元代为少。洪武二十六年（1393）辖有今湖南、湖北两省的湖广省总共才有5392660口，经过近200年的发展以后，万历六年（1578）反而只有4850535口。《续文献通考》所载湖南明代口数190万，其中湘江流域为102万，仅相当于元至顺元年的半数。

明末湖南境内长期混战。清初战乱甫定，康熙十二年（1673）

吴三桂反清，又以湘江流域为主要战场，户口再次锐减，导致了江西移民进入的又一高潮。

社会经济的恢复和发展，加之户口登记制度逐渐向人口普查过渡，使得清代湖南的在籍户口数呈直线上升态势。乾隆四十一年（1776）湖南人口接近1500万，嘉庆二十一年（1816）已近1893万，道光二十二年（1842）超过了2003万，同治十三年（1874）超过了2100万。

此后人口增长更是迅速。1911年湖南人口达2340万，1949年为2987万，1966年超过4000万，1976年超过5000万，1982年为5452万。

其中湘江流域自然是重头。《大清一统志》所载湖南人口1848万，湘江流域超过1001万，占总数的54%。1947年湖南人口4621万，湘江流域得2402万，仍占总数的52%。

上述历代户口的数量发展，可以分为两个阶段：从元始二年的50多万发展到康熙二十四年（1685）的121万，是为前期，其增长过程十分缓慢。中间经历了三个高峰期（东汉、唐、南宋）和三个锐减期（隋末、唐末、明末），且峰谷变动幅度达到数倍，如东汉与清初。此后的阶段是为后期，其数量一直稳步增长，增幅之大、速度之快是前期所不可比拟的。

其族

在中国尤其南方很多地区，人口的民族构成也是其开发进程的重要标志。因为，它是随时代而变化的。

如今的湘人自然是以汉族为主。不仅多汉族，而且绝大多数都还会自称是江西人的后裔。小时候在老家，常听陌生人之间搭话，总要先招呼一声"老表！"——老表者，表兄弟、表姊妹也。世人熟知称"老表"本是江西人的习惯，这可不是我们祖上来自江西的明证？

但湘江流域并非自古如此。考古学证据已经表明，商周时期在湘水流域及毗邻的资水流域活动着的先民属百越民族集团，与雪峰山以西的沅水流域的先民族属判然有别。自西周至战国，由浅入深地受到楚人的影响；自春秋以后渐次进入有文字记载的历史时期。

西汉时今湖南省境的居民尚以蛮为主。南越王曾在给汉文帝的信中说，长沙"其半蛮夷"。他所谓的长沙指长沙国，今湖南全省都包括在内。其中湘江流域的汉化程度应该较高一些，但至少，中上游丘陵山地显然仍不是汉族的领地。在马王堆出土的以今湘江上游沱水流域为主区的《地形图》中，有一些以"君"字为通名的地名，如"蛇君"等，无疑是土著部落所在。

汉代的县名有不少称"道"。据《汉书·百官公卿表上》记载：县"有蛮夷曰道"。所谓"有蛮夷"的具体标准不清楚，但其居民当以蛮夷为主恐怕是无疑的。当时设置在湘江流域的道，《汉书·地理志》中所载有营道、泠道、连道，其中前两道在上游，后一道在中游；马王堆出土的《地形图》中又有一个龀道。当时在湘江流域总共只设有21县，如此之稀疏，汉民族势力之弱、管理之不深入可想而知。

后汉时洞庭湖以南的民族冲突颇为激烈。其中较频繁的在沅、澧流域，但湘江流域也颇不安宁。长沙蛮曾有万余人屯聚于益阳，零陵蛮则至于曾"寇长沙"；桂阳郡虽然没有"桂阳蛮"的名头，却不乏"猾贼相聚""山贼为害"的记载，显然也与民族冲突有关。这些活动遍及湘江的上、中、下游，可以反映当时土著民族势力之强盛。

民族冲突是汉化加速的直接反映。东汉湘江流域的民族活动加剧，如果我们考虑到当时南北交通以湘江为干道、湘江流域的户口大幅度增长这种背景，这一现象可以说是顺理成章的。

三国时吴、蜀两家在今湖南省境争战多年，民族矛盾看起来比东汉要缓和得多。吴将沅、澧流域由原先的1郡析为2郡，湘、资流域由汉代的3郡分为6郡，这一格局一直沿袭至南朝的宋、齐而不改。此时县的设置也增加了17个。显然是东汉的汉化加剧之功至此而结其果。西晋统一后又增设了6县，实际上也不过是守成而已。

南朝时期全国范围的蛮族活动至为频繁，但在今湖南省境却相当平静。正史所载宋、齐两代湘江流域的蛮叛各只一次，前一次为桂阳蛮，后一次地域并不具体，只称湘州蛮，估计也在中上游一带。当时蛮族的分布地域，《梁书·张缵传》中有一条资料：

> （湘）州界零陵、衡阳等郡，有莫徭蛮者，依山险为居，历政不宾服。

又《隋书·地理志》亦称：

> 长沙郡又杂有夷蜒，名曰莫徭……武陵、巴陵、零陵、桂阳、澧阳、衡山、熙平皆同焉。

将这两条史料合起来看，在南朝后期湘江流域的蛮族分布仍相当广泛，而尤以中上游地区较为密集。

唐代对南方的经营重点在岭南，湘江流域的民族关系波澜不惊。直到五代及北宋，今湖南省境的蛮族活动才迎来与东汉相辉映的第二个高峰。

五代时湖南形成其区域历史上仅有的一次割据，马殷、马希范父子建立以长沙为中心的地方性政权"楚"，史称"时蛮徭保聚，依山阻江，殆十余万"，稍后"数出寇边，逼辰、永二州"。显然，这些"蛮徭保聚"的中心在资水流域。北宋熙宁年间（1068—

1077），章惇察访湖北经制蛮事，他先是在南江即沅水上游地区开置沅、靖二州，稍后又开梅山，置为安化、新化二县。这是湖南省境历史上具有里程碑意义的重大事件。

此后湘江流域的民族分布便发生了变化，蛮族势力一退而至于中上游一带。其中最引人注目的在舂陵水流域及南岭山地一带。《宋史·蛮夷传》载：

> 蛮徭者，居山谷间。其山自衡州常宁县属于桂阳、郴连贺韶四州，环纡千余里。

其中蛮族活动最为频繁的是常宁、蓝山、平阳（今桂阳）、宜章诸县，欧阳修举例称：

> 窃闻常宁一县殆无平民，大小之盗一二百伙。

显而易见，这些大小之"盗"均与民族活动有关。

南宋时蛮族活动且延及今湘赣边界。茶陵由县升为军（一种行政单位），后又分其三乡建为酃县（今炎陵县），都是为了应付蛮乱而采取的措施。

元朝对宋代创置的局面颇多巩固之功。《元史·刘国杰传》载：

经画茶陵、衡、郴、道、桂阳，凡广东、江西盗所出入之地，南北三千里，置戍三十有八，分屯将士以守之。由是东尽交广，西亘黔中，地周湖广，四境皆有屯戍。制度周密，诸蛮不能复寇，盗贼遂息。

由此奠定了在今湖南一带稳步推行汉化政策的基础。当然对其效果不可尽信。孟子说"尽信书不如无书"。到了明中叶，湘江上游的耒水流域又发生过大规模的民族冲突。郴州人何孟春记载道：

自戊辰（1508）秋贼出兴宁，随犯吾郴。己巳（1509）之春冬，桂阳、桂东、宜章、永兴诸乡邑递遭蹂躏，岁无虚月，暨今庚午（1510）夏秒而始息，一方生灵皆汤火惊魂。

其持续前后历十年之久，不可谓不剧烈。

不过这已经是巨声之后的回响。明廷于舂陵水流域增设二县，标志汉化进程又深入了一步。至此，湘江上游山区的设县格局已基本上稳定。

清代在文化上对少数民族实行怀柔政策，其关键措施便是扩大科举考试的名额。据同治《江华县志·杂记》所载：

雍正三年（1725）部覆：准湖南衡、永、宝、郴、桂、靖六州所属苗瑶，向例取一二名，陶淑既久，额少人多，嗣后岁科考试增取三名，永为定额。

乾隆九年（1744）又敕于瑶地适中之处设立义馆，延师训课。在这样的氛围中，武力对抗渐渐演变为文化上的靠拢，少数民族的汉化进程不断提速。同治《桂阳直隶州志》称：蓝山"今徭俗率同内民"。同治《常宁县志》也这样描述其境内的瑶族：

初业种植，继习诗书，风俗好尚，皆与民同，盖声教所渐摩者久也。

酃县的资料更生动一些，同治《酃县志·徭俗》记载：

饮食衣服与汉民同，其佃种力作营生置产皆然，惟与徭人言则徭语，与汉人言则汉语。

到了这一步，距其摇身一变成为汉族也就为期不远了。

需要指出的是，由土著的蛮族逐渐汉化，是南方地区汉族的一个极重要，甚或可以讲是主要的来源，湘江流域的情形自不例外。

在此可以出示两方面的证据。其一是历史方面的，北宋范致明《岳阳风土记》云：

马援征诸溪蛮，病死壶头山。民思之，所到处祠庙具存。

至今妇人皆用方素蒙首，屈两角系脑后，云为伏波将军持服。鼎、澧之民率皆如此。巴陵、江西及华容间民有皂者，习俗已久，不可顿革。问其故，则曰："去之则神怒，立患头疼。"殊不知去包裹自畏风寒也。

鼎、澧二州辖沅水下游及澧水流域。从这条史料中我们可以看到，当时的人对这一带的"蛮"和"民"分得实在不是很清楚。这一习俗既是来源于蛮，又普遍地存在于当时的民之间，可见得当地的民与蛮本来就存在一种天然的血肉联系。到后世这一习俗不复存在，我们恐怕不能说是这一带的居民整个被替换了。

另一方面的证据来自当代的调查。遗传学的研究表明，大致以北纬30度为界，中华民族的某些遗传特征可以分为北方和南方两种类型，北方型的遗传特征在北方的汉族和少数民族之间相当接近，南方型的遗传特征在南方的汉族和少数民族之间相当接近，而北方的汉族和南方的汉族之间却相距较远。由此可见，南方的汉族主要来自当地古代的蛮族应该是有事实依据的。

如果我们平常在车站、码头等人群较密集的地方稍加留意，不难发现，某个地方的人群大抵有一些共同的体貌特征。例如，有些地方的人脸较宽，而有些地方的人脸很窄，再就是高矮也往往相去不远，等等。这些特征显然已与其民族属性无甚相关。

波折

通过以上人口的增长以及民族活动的分布变迁,我们可以看到,湘江流域乃至于整个今湖南省境的开发过程在中古时期经历了非常明显的一个波折。

两汉时期,湘江流域的开发不断加速,这一加速在东汉时期达到高峰。当时户口的增长非常迅速,民族活动也十分频繁。稍后的三国、两晋,开发的势头逐渐有所减缓,户口不断减少,民族矛盾也趋于缓和。

开发的下降势头在南朝时达到极点。其时户口减少到历史上最低,民族活动也空前绝后地平静。如果将隋代的情况与两汉作一对比,我们完全可以说,湘江流域乃至于整个湖南省境在南朝经历了一次开发的倒退,此时的趋势不是汉化而是蛮化。

对这一点在此还需要稍做说明。

上文中已至为明显的是隋代的户口。当时经过了"大索貌阅",全国的户口增长很快,但湘江流域无论绝对数量还是纵向(与此前比)、横向(与全国其他地区比)的相对数量都不可思议地减少,这一现象是颇耐人寻味的。

也许可以很容易地找到一个理由:当时湘江流域的户口检括成效奇差。可一旦我们将其他一些相关史实联系起来考虑,就不难发现这一现象的真正原因绝非如此简单。

特别值得我们重视的是县级政区数量的变化趋势。我们知道在历代政区的变化过程中,县级政区是最为稳定的。因为它直接亲民,它的设置受到行政效率的客观限制。谭其骧先生曾精辟地总结道:

> 一地方至于创建县治,大致即可以表示该地开发已臻成熟……就全国或某一区域内各县作一综合的观察,则不啻为一部简要的地方开发史。

这实在是一个极富有洞察力的思考理路。今湖南省境历代县级数量的变化有如下表:

	西汉	东汉	吴	晋	刘宋	齐	隋	唐	北宋	南宋	明	清
增置		7	17	6	1	0	4	27	12	5	3	11
减省		2	1	0	6	1	29	3	12	1	0	0
总数	37	42	58	64	59	58	33	57	57	61	64	75

从这一表中我们可以直观地看到,西汉到晋,今湖南省境的县数是不断攀升的。其中县数增加最多的是孙吴时期,这显然是东汉开发加速的一个滞后反映。但是南朝以后,县数不断减少,到隋代下降至最低点。

这里面还有一点需加以说明:南北朝后期政区数量恶性膨胀,隋代混一之后大事整顿,颇有矫枉过正之举。今湖南省境当时的县数如此减少,有没有矫枉过正的成分?

过正的成分当然是可能的,但很容易对其进行识别。一般而言,入唐以后迅即复置的可谓省废过当,而从此被长期废弃者则纯属矫枉。问题在,今湖南省境当时有不少被废之县后世长期未得以恢复。

尤其明显的是资水流域。该地在两汉已有4县,三国吴将其单独置郡,领有6县,晋代又增至7县;隋代将郡的建置撤销,县省并至1县。入唐后郡的建置虽得以恢复,但县却只恢复到2个。再联想到北宋开梅山蛮正是在此地,我们讲它在南朝经历了一个蛮化的过程是并不过分的。

资水流域只是一个缩影。湘江流域与之地域邻接、经济文化关系十分密切,户口变化、民族活动的表现均无二致,其社会发展趋势焉能有两样?

入唐以后,湘江流域的开发进入一个缓慢的恢复期。经中唐、五代逐渐提速,到北宋迎来第二个高峰。户口增长、民族分布的变化都说明了此点。户口数量至此才超过两汉的水平,而民族分布则此后中游以下河谷平原不复有蛮族活动的踪迹。

宋代湘江流域的开发势头在全国范围也是十分引人注目的。宋史专家漆侠先生说:

> 宋代经济除在全国各地发展外,有一个较明显的趋势

是向湘江以西的西南方向发展，（湖南、广西）两路人口都有了较大的增长，正是这一发展趋势的极好的说明。

不言而喻，这一开发浪潮与移民的进入很有关系。移民主要有两个来源，其一是北方人南下，其二是江西人西迁。尤以后者影响深远。谭其骧先生曾敏锐地指出：作为湖南开发动力的移民，五代以前多来自北方，五代以后则主要来自东方。《宋史·地理志》在荆湖南、北路下有这样的文字：

> 南路有袁、吉壤接者，其民往往迁徙自占，深耕概种，率致富饶，自是好讼者亦多矣。

历来正史对民间自发的移民活动不甚措意，而此时此地竟然能有这么一条记载，可见其规模实在已到了相当的程度。

而特别要指出的是，宋代开辟了整个今湖南省境的新的开发格局。其表现之一是行政建置，中层政区界线自宋代以后便较少变动。而另一表现则是人口分布。

宋代以前，整个今湖南省境的人口密度一直以湘江上游尤其潇水流域为最密，湘水中游次密，下游及资水流域较稀；沅、澧二水下游为次密，上游最稀。宋代以后，环洞庭湖区人口密度逐步升高为最密区域，而湘水上游相对不断下降。

造成开发过程如此曲折的原因无疑是综合性的，可如果我们试图从中寻绎，笔者认为交通形势的变迁应该是主因。湘江流域交通形势的历史变迁前文已述，若将其与开发过程两相对照，其间的相关性是显而易见的。

若以民族分布的变迁观之，湘江流域的汉化过程大体可以分为三期：隋以前为第一期，完成了湘江下游右岸的汉化；宋元为第二期，完成了与资水中游毗邻的湘江下游左岸的汉化，并奠定了上游耒水流域的汉化格局；明清为第三期，上游山区的汉化大大地加深。

在第一期得以汉化的地区，未曾发生民族冲突。这一带在汉代置县很稀，表明其时汉人数量尚较有限，然而其汉化成熟竟至最早，显然与该地地势平坦、有利于汉族的生活方式深有关系。第三期中得以加深汉化的上游山地，自秦汉以来即有设县之举，开发不可谓不早，然而其民族冲突长期不断，至今仍有少数民族在生存繁衍，这里面不能不说有地理环境的影响在。

本业

自秦始皇统一六国，中国便走上了以农为本的立国之路。与此同时，工商则被视为末作。不仅在产业政策上重本抑末，就社会阶层也确立了士、农、工、商的尊卑等第。

湘江流域自来便是重农务本之区。此地商周时期的考古遗址中出土了大量的石制农具,其中商代遗址如衡阳金山岭、安仁何古山、南岳彭家岭、湘乡牛形山、湘潭茶恩寺、宁乡炭河里、汨罗狮子山,西周遗址如零陵菱角塘、衡阳周子头、浏阳社港、湘乡新坳、长沙杨家山,这些遗址都普遍出土有斧、锛、刀乃至于铲、锄等与农业生产有关的工具。

特别值得一提的是我国出土最早的铁制农具,便是长沙识字岭春秋晚期楚墓中出土的一件铁口锄。这是我国农业技术发展史上堪称里程碑式的事件。

《战国策·楚策》记载"楚地西有黔中、巫郡,东有夏州、海阳,南有洞庭、苍梧",其"地方五千里,带甲百万,车千乘,骑万匹,粟支十年,此霸王之资也"。这段话当然有夸张的成分,且讲的是全楚,但洞庭与苍梧之间主要便是湘江流域,可见此地在当时已是楚国重要的农业区。

较平实地反映战国至秦汉时期此地农业生产状况的是《史记》和《汉书》中的有关描写。《史记·货殖列传》云:

> 楚越之地,地广人希,饭稻羹鱼,或火耕而水耨,果隋蠃蛤,不待贾而足,地势饶食,无饥馑之患,以故呰窳偷生,无积聚而多贫。是故江淮以南,无冻饿之人,亦无千金之家。

《汉书·地理志》中亦有大体类似的话语。不用说这两者之间存在着先后的继承关系,这一观察准确地反映了当时南方水热条件下人与自然之间的感应。由于环境优越,动植物的产量都很高,以至"饶食"而"无饥馑之患",可以说整个自然界就是一个大仓储,人们根本无须"深挖洞、广积粮",从而出现"无积聚"的现象就是一个很自然的结果。

"无千金之家",说起来固然好像有点令人惭愧,但财富这个东西实在也很难讲,有些人攒着大把大把的金钱觉得自己有财富,而有些人则随挣随花,到要用的时候只要能挣到便觉得自己不缺财富。如果我们把财富看作一种川流不息的东西,比如生态系统中的物资流、能量流,那么它便不在乎能囤积多少,更要紧的是流量有多少。

湘江流域在古代长期"无千金之家",这也是其重农务本的产业结构与生俱来的一个特点。太史公司马迁早已说过:"用贫求富,农不如工,工不如商。"笔者少时也常听父老相传一句谣谚:"一朝天子一朝臣,朝朝天子吃农民。"靠着面朝黄土背朝天的营生,要积攒出一些闲着不用的银子,谈何容易!

长沙马王堆汉墓出土了不少保存完好的农产品实物,谷物类有稻、麦、黍、粟、麻,其中稻类包含有籼稻、粳稻、粘稻、糯稻,麦类包含有大麦和小麦;此外还有豆类、瓜果类、菜蔬类以及许多动物的遗骸。这么多的农产品种类,充分反映了到汉初为止湘江流域农业生产的丰富多彩。

至迟在东汉，湘江流域的粮食已开始外运。据《后汉书》记载，永初七年（113）曾调发零陵、桂阳的租米"赈给南阳、广陵、下邳、彭城、山阳、庐江、九江饥民"。这显然与当时湘江流域的户口大幅度增长以至农业生产有所进步不无关系。

而尤有意思的是，湖南东汉的墓葬中普遍出土有粮仓的模型，其形制有圆形平底、圆形三足、干栏式等多种，这一时代风气的出现应该不是偶然的。

三国时期湘江流域的产米已颇有名气。魏文帝曾在《与朝臣书》中称："江表惟长沙名有好米，何得比新城粳稻耶？上风炊之，五里闻香。"这一评论旨在贬低长沙米的品质，但其开头一句却透露出一个信息，长沙米的质量至少在南方的范围内算是不错的。

此时湘江流域的粮食产量应该也是比较可观的。《三国志·蜀书·诸葛亮传》记载：刘备曾"以亮为军师中郎将，使督零陵、桂阳、长沙三郡，调其赋税，以充军实"。这一事件虽然已难以从数量上进行把握，但它不可能发生于余粮较少的地区是可想而知的。

西晋平吴后，杜预曾在江汉平原至洞庭湖之间开凿一条运河，"内泻长江之险，外通零桂之漕"。此后的东晋南朝时期，湘江流域粮食输出的记录史不绝书。《荆州土地记》称："湘州七郡，大䉛所出，皆受万斛。"若不是有足够的需求，造这样巨型的器具那可不是闹着玩的。

《南齐书·州郡志》在描述湘州时用了一句很著名的话:"湘川之奥,民丰土闲。"短短的八个字包含了足够的地理信息。所谓"土闲"指土地尚有开垦潜力,而"民丰"则指流域中农业生产已较为发达。

这一状况到唐代表现得尤为明显。刘晏曾在给元载的信中写道:

> 潭、衡、桂阳,必多积谷,关辅汲汲,只缘兵粮。漕引潇湘、洞庭,万里几日,沧波挂席,西指长安。三秦之人,待此而饱;六军之众,待此而强。

后面四句当然不是用于形容湘江流域的地位而只是强调粮食的威力,但"多积谷"三个字已说明了一切。

据《新唐书·食货志》载,德宗(770—805年在位)时,"增江淮之运,浙江东、西岁运米七十五万石,复以两税易米百万石,江西、湖南、鄂岳、福建、岭南米亦百二十万石"。这里面,按平均数计算,产于湘江流域的约有24万石。上文曾讲到天宝间湘江流域的口数为62万余,考虑到缺失和增长的因素,那么平均每户(以5口计)负担在2石左右。

宋代湘江流域粮食外运的规模大幅度增长。《梦溪笔谈》载每年从荆湖南路运往京师的米为650万石,较唐后期翻了一倍多。"巨舰漕米,一载万石"被时人誉为"长沙三绝"之一,为其他地方所不及。这还是北宋。南宋时这一规模更有所扩大。《宋史·食货志》载开庆元年（1259）为供军饷，湖南安抚司籴米50万石之外，湖南转运司又籴20万石。即此一例可见当时湘江流域农业生产之发展。

元明以降，湘江流域的农业发展更令人瞩目。本来宋人有一句谚语叫"苏常熟，天下足"，或"苏湖熟，天下足"，但到了明中叶，这一谚语竟渐渐地演变成了"湖广熟，天下足"。郴州人何孟春曾在《余冬序录》中写道：

> 今两畿外，郡县分隶于十三省，而湖藩辖府十四、州十七、县一百四，其地视诸省为最巨，其郡县赋额视江南、西诸郡所入差不及，而"湖广熟，天下足"之谣天下信之，地盖有余利也。

到了清中叶，这一谚语又逐渐演变成了"湖南熟，天下足"或"湖南熟，湖北足"。作为其连带产物，长沙的米谷交易也得到了很大的发展，跻身全国四大米市之列。

不过对这一现象我们也须恰如其分地对待。就湘江流域内部而言，其粮产的提高自然是反映了当地农业生产的发展，但就全国而言，长江三角洲地区不再作为粮食产出地则是因为该地的经济结构已经进入了一个更高的层次，已改为以出产收益更丰厚的经济作物为主。这是湘江流域不可以妄自尊大的。

以上所述为粮食生产。若以经济作物言之,湘江流域虽然自古便存在着多种经营的倾向,但直到五代才出现比较成规模的经济作物生产,那便是茶叶。

《元和郡县志》所载的各州土贡,湘江流域无一州贡茶,可见当时该地的茶叶生产还微不足道。马殷割据湖南之后,大力鼓励农民种茶,茶税收入每年可得数十万贯。加上每年向中原王朝贡茶25万斤,其总产量是相当巨大的。

宋代以后,茶叶在湘江流域一直作为一种重要的经济作物而存在。《明史·食货志》有"湖南茶多而直下"的记载。直到现代,湖南仍是全国名列前茅的产茶大省。

元代又传入了棉花。1289年政府开始在当地征收木棉、棉布。明代实行奖励植棉的政策,到明中后期,棉花和棉布已成为湘江流域重要的农副产品,其分布遍及湘江全流域。清代才渐渐地集中于下游及洞庭湖区。

清初又传入一种新兴的经济作物——烟叶,并在衡阳形成全国最大的集散中心之一。"衡烟"之名驰誉远近。同治《衡阳县志》记载:"山西、陕西大商以烟草为货者,有九堂十三号,每堂资本出入岁十余万金。号大于堂,兼通岭外为飞钞交子,皆总于衡烟。四方求烟草者,得真衡产一艺,而办种烟草者相望。"其产地除衡州府各县外,还包括郴州、攸县、平江、宁乡等地。销售则制成"京包"卖到北京及北方各省,"广包"南运到广州等地。

清代在衡阳还形成了一个很有优势的副业，即养殖鱼种。清初刘献廷在《广阳杂记》中记载："四方之畜鱼者，率于夏初来衡收鱼种焉。"其产地"在湘江中，上自常宁之柏枋铺，下至樟木市，凡一百余里内"。其产品不仅供应湖南，还远销浙江。成为与长江三峡和西江并列的全国三大鱼种产地之一。

末作

湘江流域历史上的末作，较著名的主要有造船、矿冶、纺织、爆竹等。

造船业的出现较早。上文讲到南朝时期湘州七郡出"皆受万斛"的大䑢，可见其技艺已到了相当高的水平。但后来其在全国的相对地位大为下降。北宋至道年间（995—997），全国每年造船3300多艘，潭州（治今长沙）产量为280艘，其数量并不突出，而且其产品质量也不受特别称道。倒是近代以来在沅水上飘荡着的一种"麻阳船"颇有名气，它经常以一种特别的姿态出现在文人墨客的作品里，尤其是沈从文那亦诗亦画的《湘行散记》中。

湖南自近代号称有色金属之乡，其矿藏主要分布于湘江流域。早在《史记·货殖列传》中，便已有"长沙出连、锡"的记载，其中"连"指铅；虽然太史公认为"堇堇物之所有，取之不足以更费"，但据《汉书·地理志》，西汉在全国设立的48处专管冶铁铸钱的"铁官"便有1处位于桂阳郡（治今郴州）。到东汉时，《后汉书》记载卫飒曾主持在耒阳县设立铁官，"岁所增入五百余万"。也许太史公所谓"取之不足以更费"的"费"并非以就地冶铸作为计算依据吧。

唐代以后，湘江流域的矿冶业逐渐形成规模。《唐会要》卷89记载：

> 湖南管内诸州百姓，私铸造到钱。伏缘衡道数州，连接岭南，山洞深邃，百姓依模监司钱样，竞铸造到脆恶奸钱，转将贱价博易，与好钱相和行用。

这是民间的行为。而作为政府规划，郴州境内则有桂阳监的设置，专门负责钱币铸造。元和年间（806—820）年铸币5万贯，占全国年产量的37%，堪称国家级铸币中心。

宋代湘江流域的冶铸业更是达到高潮。政府于常宁、浏阳、衡山、郴县、平阳（今桂阳）、宁远诸县设置了许多场、坑，其中浏阳永兴场为出产铜、铁、银、铅、矾的大型综合性矿场，与信州铅山场、韶州岑水场并列为天下三大场。神宗熙宁年间，于衡阳置熙宁监，年铸钱20万贯，为国家铸币中心之一。

尤引人注目的是桂阳监的建置，虽然这一名称在唐代已经出现，但此时其性质已由唐代的专业矿冶机构演变为一个与府、州、军平级的统县政区。这无疑直观地显示了当地的矿冶发展水平。

南宋以后，湘江流域的矿业发展有所回落，历元、明两代未得以恢复。入清以后，经过康熙、雍正两朝的徘徊，乾隆年间开始进入上升通道，虽嘉庆以后有所衰退，同治时又有所回升。其出产既有贵金属金、银，又有铸币原料铜、铅、锌、锡，还有日用矿物煤、铁以及军用矿物硫黄、硝土。其中，金矿开发的规模不大；银矿的开采点集中在郴州和桂阳州，多与铅、锌或铜伴生，不成其为独立的矿业种类。铜、铅、锌、锡作为铸币原料矿，形成了一批规模大、开采时间长的厂矿，在全国具有重要地位。其中铜的产量仅次于云南。这些矿也主要集中在郴州、桂阳州。

甲午以后，湖南巡抚陈宝箴奏请成立矿务总局，湘江流域的矿业开采无论在政策还是技术上均有所进步。此时又发现一个新的矿种——锑，其分布以资水流域为最，而湘江流域的郴州、永州、衡阳亦蕴藏不少，以至到20世纪初叶，全国的矿出口数以湖南居首，其中主要产品便是锑。民国以后又发现锰、钨两种新矿，也主要分布于湘江流域，其中锰的产量居全国第一。

纺织业在湘江流域的历史上兴起甚早。马王堆汉墓出土了众多工艺水平十分高超的纺织品，其中一件衣长128厘米、袖通长190厘米的素纱单衣，重仅49克，此外还有内容丰富的彩绘帛画，以及光彩夺目的刺绣。这些文物当然未必是湘江流域当地的产品，但至少可以反映，当时湘江流域对纺织技术的了解并不落后。

到了明清时期，由于技术的革新，全国的刺绣工艺形成了几个各具特色的风格体系，较著名的有江苏的顾绣（亦称苏绣）和广东的粤绣。在吸收这些风格特长的基础上，百余年湘江流域的刺绣也形成了一个独特的风格体系，号称湘绣。其画稿主要以国图为蓝本，绣线采用衣线，针法以"掺针"为主，不留"水路"。自1899年出现第一家锦云绣馆以后，长沙市内迅速涌现20余家绣庄，长沙、浏阳一带从事刺绣的很快形成一个盈利率很高的产业。1935年前后其产品参加过芝加哥、南洋、澳洲等地的国际性展出，国外销量占湘绣全部销量的1/3。

与湘绣相比，爆竹恐怕更称得上湘江流域的拳头产品。一般人都知道浏阳的爆竹特别有名，其实它附近的平江、醴陵，以及湘南的衡阳、郴州，乃至湘西的许多县份，爆竹的生产也都相当发达。而且当地人并非要到红白喜庆才用爆竹，举凡敬神、请客等郑重场合，以及心情比较激动时便喜欢放上一挂"鞭子"，放的时候往往用一根长长的棍子挑着，以炮声持久为佳。每到新正，乡村的空气中都弥漫着一股淡淡的硝烟味，真可谓温馨亲切。

早在乾隆年间,这些地方的爆竹制造就已形成相当规模。到同治年间,广东、山东、山西的客商都来贩运,大大地刺激了浏阳一带的爆竹生产。光绪以后远销日本、朝鲜、印度、印尼、新加坡、菲律宾、马来西亚、土耳其、英、美、法、德、加拿大等20多个国家和地区。附近平江、醴陵以及江西的出品对外销售也打浏阳牌。全盛时期,浏阳一县有作坊500多家、工人5000人以上。到抗日战争前,鞭炮作为湖南出口货物的大宗,仅次于桐油、矿产品而居第3位,占全国鞭炮出口量的半数。直到抗战胜利后,由于供过于求,再加上同行盲目竞争,出口量才一落千丈。

随着手工业、矿业和商业的发展,湘江流域自近代以来兴起了一批经济发达、市面繁荣的城镇。规模较大的如长沙、湘潭、衡阳、岳阳、益阳自不用说,一批较小的集镇如长沙的铜官、岳阳的鹿角、汨罗的长乐等也迅速发展起来。其中铜官、鹿角手工业都以陶瓷业为主。此地的陶瓷制品就全国而言并不名贵,但其生产规模却也颇为可观。长乐镇则盛产雨伞,集散货物以棉布、茶油为大宗。

三 惟楚有材 于斯为盛

瞻彼衡岳麓，松柏何青青。
苍云被曾阜，石室延空冥。
朱张命世儒，潜兹考遗经。
悠悠过化迹，仰止犹华星。
寋予泊湘渚，风涛限扬舲。
挂帆决所济，杖策临幽扃。
薰香谒虚位，周览循阶庭。
物色信多美，山川郁钟灵。
后贤力绍述，堂构递经营。
群植拟孔林，曲池方兰亭。
既云备游息，亦以宏高明。
兹方盛才彦，礼乐遵仪刑。
精修诣间奥，庶续千秋盟。
毋为汩尘土，永以羞岩峒。

——〔明〕顾璘《谒岳麓书院》

小时候，曾无数次听先大伯父讲起岳麓书院那副著名的"惟楚有材，于斯为盛"的对联。或者在正月初一全家男丁前往祖山祭扫的路上，或者在阶檐前星光下夏夜清爽的凉风中。祖山坐落在邻县茶陵地界，到现在阴归寒族、阳归当地，还延续着一个古老而顽强的文化传统。那是一段很不短的路，去来得大半天。听着四下里不时响起的鞭炮声，穿着新衣衫，呼吸着旷野中初春的空气，在这样的时空背景中听着先贤的故事去行庄严而神圣的古礼，实在令少年浮想联翩。

16 岁那年，负笈省城念大学，总算有机缘去寻找乡村中传说的依凭。那时的岳麓书院还没有修葺，斑驳破败的气象中更显出一种历史的厚重。"惟楚有材，于斯为盛"八个雄壮的大字果然就竖在书院的门口，向每一个来者无声地诉说着昔日的荣光。

湘江流域的发展过程是极富个性的。清中叶以前的漫漫几千年里，以湘江流域为重心的整个湖南碌碌无所重轻于天下。但到了 19 世纪以后，湖南的发展却刹那间云蒸霞蔚，极为壮观。凡对近代史稍有常识的人，有几个不知晚清的"同治中兴"之局主要便是湖南人的功业所成就的呢？要不是以曾(国藩)、左(宗棠)、彭(玉麟)、胡（林翼）为代表的一批湖南书生带着湖湘子弟征战南北，近百年的中国历史将如何书写恐怕还真的不好假设。

只是，相对于其他地方，尤其中原大地而言，这一局面实在有点姗姗来迟了些。

人文初开

中国文化史上有一个令人百思不得其解的现象：从考古学的意义上讲，南方的长江流域与北方的黄河流域堪称东方的两河流域，尽管长江流域为稻作文明而黄河流域为麦作文明，两者存在着类型的区别，但其文明发展的程度应该承认是不分高下的。然而，在进入有文字记载的历史时期以后，两者之间陡然呈现出剧烈的反差，南方文明的发展程度与北方简直不可同日而语。

最先系统而明确反映出这一地域差异的典籍是《史记·货殖列传》。其相关内容上节已经引用过，在此且征引另一部典籍《汉书·地理志》中与之相似的一个片段：

> 楚有江汉川泽山林之饶；江南地广，或火耕水耨。民食鱼稻，以渔猎山伐为业，果蓏蠃蛤，食物常足。故呰窳偷生而亡积聚，饮食还给，不忧冻饿，亦亡千金之家。

不用说，湘江流域的情形也就完全包括在其中。如果说，"火耕水耨""民食鱼稻""亡积聚"等等都还只是描述一种文化的类型特点，那么"地广"（亦即人稀）、"亡千金之家"可就不折不扣地反映了当地经济发展水平的低下。——其文化水准可想而知。

不仅仅是经济方面十分落后，当时湘江流域的人居环境也相当恶劣。《史记·货殖列传》和《汉书·地理志》中都曾记载："江南卑湿，丈夫早夭。"当时的"江南"与今天所讲的"江南"颇有不同。自唐以降，"江南"一般指长江下游的江南，以太湖流域为中心；而在此前，"江南"之"江"多以长江中游为中心，主要指今湖南、江西一带。"卑"即地势低下，"湿"则指地表的水分。当时的人显然认为这两者之间是有关系的，而这两者又共同导致了"丈夫早夭"现象的发生。

"丈夫早夭"是一句颇值得仔细玩味的话。以前人们都只注意到"早夭"，即该地人平均寿命短，不能尽享天年；但这句话中其实还包含着一种性别选择，即"早夭"的只是该地的男性（"丈夫"），女性应该没有问题，这一点没有引起足够的关注。据笔者的理解，这很可能是当时该地存在着某种与环境相关的地方病，男女的社会分工、生活习惯不同，从而使得该地的男性比女性更容易染病。

当然还存在另一种可能：以讹传讹。笔者认为，当时该地的"丈夫"是否"早夭"是一回事，它如何被当时的人，尤其当时的中原人认识又是另一回事。这句话是通过当时中原人的手笔留下来的，完全不排除当时中原人将事实曲解、选择以至夸大的成分。

事实层面的是非不妨留给专家去探讨，在此我们可以看两个并没有"早夭"却被这一传闻吓得要死的例证。其一是汉初文帝时的贾谊。他是洛阳人，少年得志，曾被贬官为长沙王太傅，过湘江时觉得自己正重复着屈原的命运,于是写了一篇《吊屈原赋》;在长沙住了三年,有只鹏鸟飞进他宿舍,鸣叫的声音很怪异,于是他想起"长沙卑湿"的传闻,感到不吉祥,惊恐不已,"自以为寿不得长",又写了一篇《鹏鸟赋》。这便是历史上有名的"贾生赋鹏"的故事。

另一事件发生在长沙当地人身上。汉武帝时,为了削弱诸侯王的势力,采用主父偃的建议,实施"推恩令",强行要求诸侯王从自己的封地中分出一块块封给他们每个儿子,作为王子侯国(县级单位),属旁边的汉郡管理。刘买以长沙王子的身份受封于泠道的舂陵乡,地在湘江上游今宁远县境,他的后人因为该地"地势下湿",兼之有"山林毒气",实在受不了,竟然"上书求减邑内徙",即宁愿减少封邑的户数而迁到北方去。后来果然迁到了今鄂北的枣阳境内。

在这样的环境中,要指望文化出现怎样的发展当然是不现实的。倒不是说当地的经济水平落后因此文化便不能发展,世上尽有经济不甚发达而文化得到优先发展的例子。关键是当时人的那种精神状态:"偷生"虽然也是一种文化,但其技术含量毕竟是有限的。

湘江流域的文化是从东汉才起步的。这显然与当时流域内户口的大幅度增长不无关系。现在已无从知晓当时户口增长的详细过程,可在文化上,从东汉之初便表现出了异乎寻常的上升势头。

出现了不少教化百姓、政绩显著的地方官,史称循吏。建武年间（25—56）,卫飒任桂阳太守:

> 郡与交州接境,颇染其俗,不知礼则;飒下车,修庠序之教,设婚姻之礼,期年间,邦俗从化。

桂阳郡治今郴州市,辖境主要为湘江上游的耒水流域。卫飒之后,"茨充代飒为桂阳,亦善其政"。

不仅湘江流域,就整个今湖南省来看,西部沅澧流域在文化上也出现了同步的趋势。也在建武年间,宋均调补沅水上游的辰阳县长:

> 其俗少学者而信巫鬼,均为立学校,禁绝淫祀,人皆安之。

百余年后,又有应奉任武陵郡（治今常德）太守,"兴学校,举仄陋,政称变俗"。

这么多循吏集中出现,显然不可能是偶然事件。循吏的教化包括两方面内容:兴学校、易风俗。后者作为一种文化面貌,它只有类型的差异;而前者反映着文化教育水平,可以有高下文野之别。循吏们采取这些文化措施,贯彻的当然是儒家理念。而中国在近代以前两千年的文化发展,也就是一个原先丰富多彩的各地文化源源不断地被儒家文化吸收、同化、整齐的过程。可以说，这，正是湘江流域进入华夏文明分布范围的开始。

文化的发展水平可以设定一些指标进行衡量。就历史文化而言，最简便的办法是看各个地方在正史列传中的人物及该地人著书的数量。湖南从西汉到晋代这两项指标的变化有如下表：

	西汉	东汉	三国	晋代
正史列传人物（人）	0	4	9	16z
湘人著作（种）	1	2	0	1

尽管表中的著作数量一直维持在很低水平，但从正史列传人物数量可以清晰地看到，从东汉到晋代，湖南省境的文化呈现出了稳步上升的发展轨迹。表中的数字只是简单累加，如果考虑到单位时间所出人物数量，以及在当时正史列传人物中所占比例，这一上升的趋势将愈加明显。

沦为荒裔

发生在两晋之交的永嘉丧乱，实在是中国历史上至关重要的一个转折。

先秦至秦汉的情况就不必多说了。司马迁在《史记·货殖列传》中有一个总结：

> 关中之地，于天下三分之一，而人众不过什三；然量其富，什居其六。

东汉以后，虽然广大南方的经济文化水平稳步上扬，但与北方相比，实在还难以相提并论。三国时北方人袁淮曾自豪地评论道：

> 吴楚之民脆弱寡能，英才大贤不出其土，比技量力，不足与中国相抗。

所谓吴楚，当然指包括湘江流域在内的长江中下游；而"中国"则指中原地区。这句话虽然只以英才大贤而论，实际上反映了南北方整个经济文化的对比。

是永嘉丧乱给南方带来了强势开发的第一轮契机。占北方人口1/8、总数超过90万的移民从中原徙居南方，形成中国历史上第一次北方人民大南迁，史称永嘉南渡。迁移的结果，使得南朝疆域内1/6为北方侨民，从而其经济文化水平急速提升。历史上全国经济文化重心逐步从黄河中下游迁移到南方，这次大移民堪称滥觞。

然而在传统的农业社会里，人与人之间、地方与地方之间往往是"几家欢喜几家愁"，甚至是"以邻为壑"的关系。——那时候不可能有"双赢"，"双赢"的观念要到工业化、商品化的环境中才可能产生。永嘉南渡给南方带来的好处大多集中在长江下游，长江中游则主要集中于江汉平原。就湘江流域而言，在这次大移民中得到的与其说是好处，不如说更多的是惆怅。

关键在于其交通优势地位的丧失。从汉到晋，湘江流域的文化能够持续上升，究其实与它当时地处中原与岭南交通的主干线是分不开的。永嘉南渡后，南北方相隔绝，南方的政治中心又东偏于长江下游，沟通岭南北的交通主干线东移而至于今江西省境。湖南的开发势头非但难以为继，反而还沦为偏僻荒凉的边裔之地。

从统计数字可以清楚地看出这一趋势。在这一时期的正史列传中，《宋书》《齐书》《梁书》所录湘籍人物各只有1个；《陈书》中稍多，也只有2个；《隋书》中湘籍人物数量竟然下降为0。即此可见其时湘江流域文化发展之一般。

文献描述对这一情形也有所反映。《梁书·王亮传》载：南齐时王亮"出为衡阳太守"，他竟然"以南土卑湿，辞不之官"。隋代零陵人王义上奏，也不无自卑地宣称"生于辽旷绝远之域"。既如此，其社会文化状况可想而知。

这一低迷过程一直延续到唐前期。中唐以后，由安史之乱所引发的历史上第二次北方人民大南迁，为南方带来新一轮的开发动力。这次大移民有相当数量迁居于长江中游，史称"荆南井邑，十倍其初"（《旧唐书·地理志》），从而文化上也出现了反弹之势。

大中年间（847—859），长沙人刘蜕从荆州发解考中进士，人称"破天荒"。虽然刘蜕本人对此持不同看法，他在答谢的书启中辩解道：

> 五十年来，自是人废；一千里外，岂曰天荒！

但无论如何，此事已堪称风起于青萍之末。湘江流域在唐代前后两期的变化甚为显著。湖南唐代进士9人，全部出于后期；两《唐书》列传中湘籍人物在前期为2人，后期则有6人。

然而仍须承认，终唐一代，湘江流域一直处在汉文化分布的南部边缘。韩愈在其名文《送廖道士序》中写道：

> 五岳于中州，衡山最远。南方之山巍然高而大者以百数，独衡山为宗。最远而独为宗，其神必灵。衡之南八九百里，地益高，山益峻，水清而益驶，其最高而横绝南北者岭。郴之为州，在岭之上，侧南其高下，得三之二焉，中州清淑之气于是焉穷。

所谓"中州清淑之气"，无疑可理解为中原典章文化。而"于是焉穷""横绝南北"，实在是把湘江流域在全国文化版图上的地位勾画得再清楚不过了。

韩愈说的是耒水流域。其西边的潇水流域,吕温谓道州"僻在岭隅,其实边裔",以至"虽人吏似从教令而风俗未能移易"。而地处道州下游的永州,柳宗元称:

> 地极三湘,俗参百粤,左衽居椎髻之半,可垦乃石田之余。

"左衽"与"椎髻",形象地描述了南方土著与中原华夏两种民族文化的差异。

更说明问题的是中唐人张谓所撰的《长沙风土碑铭序》。他撮述关于长沙风土的种种认知,加以分析评论,本意是想替湘江流域雪谤,无意中却把当时社会上对湘江流域的普遍印象给披露出来了:

> 郡临江湖,大抵卑湿,修短疵疠,未违天常;而云家有重腿之人,乡无颁白之老,谈者之过也。地边岭瘴,大抵炎热,寒暑晦明,未愆时序;而云秋有爁曦之日,冬无凛冽之气,传者之差也。

这实在是活生生的社会史资料。所谓"而云"的种种,显然是自汉以降中原人对湘江流域的想象。其中,"乡无颁白之老"正是对"丈夫早夭"的另一种表述和补充。这一点,刘长卿也曾在一首诗中吟咏道:"南方风土劳君问,贾谊长沙岂不知?"至于"冬无凛冽之气"云云,则与北方人的生活习性有关。当时北人到南方来最怕的就是冬季不冷,容易受扰于蚊虫和各种易致病微生物。因而当时往往以冬季是否凉冷作为评价某地环境质量的重要指标,甚至首要指标。

由于荒凉僻远,经济文化落后,当时湘江流域与中原的沟通相当欠缺。在唐人篇什中,"湘南客帆稀""故人湖外少"之类的诗句颇为不少。其中最具典型意义的是徐安贞的故事:

> (徐)安贞天宝后,以(李)林甫之故,避罪衡山岳寺。李北海(邕)游岳,识之,因戏曰:"岘山思驻马,汉水忆回舟,暮雨衣犹湿,春风帆正开。——抑能记否?"因同载北归。至长沙,谓守者曰:"潇湘逢故人,若幽谷之睹太阳,不然,委顿岩穴矣!"

"幽谷之睹太阳",这一比方尖新地刻画了潇湘间北方人踪迹之稀少。由此,"潇湘逢故人"便作为一个著名的意象,成为众多画家、辞赋作者、诗人、词人以各种文艺形式追逐、表现的文艺母题。

那么,当时到湘江流域来的都是些什么人呢?当然是那些"天涯沦落人"。柳宗元曾在痛感"永州多谪吏"的同时有一句概括:

> 过洞庭、上湘江，非有罪左迁者罕至。

刘禹锡也曾在今常德感叹"邻里皆迁客"。不仅这两处，今湖南全境在当时普遍为安置贬官谪吏的去处。除柳宗元、刘禹锡二人外，谪官于此的唐代名人还有褚遂良（潭州）、张说（岳州）、赵冬曦（岳州）、令狐楚（衡州）、元结（道州）、吕温（道州）、戎昱（辰州）、王昌龄（龙标县）等。值得注意的是就连湘江流域的中心潭州（治今长沙）也有分布，可见湘江流域当时整体的文化地位。

重新启动

唐末五代，以湘江流域为中心，形成了一个割据政权，即马殷父子先后主政"楚国"（927—951）。这是湘江流域第一次，也是历史上仅有的一次地方割据。这次割据给当地的历史留下了极为深刻的印记，其显例如长沙东郊著名的马王堆，本是西汉墓，却也被当地附会为"马王"。

就政治上而言，地方割据无疑不符合中国人大一统的思想传统；但就地区开发而言，割据政权反而能创造在大一统局面下不可能出现的条件。大凡一个地方经济得以茂兴、文化个性得以张扬，往往是在割据政权的控制之下。

唐末五代的湘江流域正是如此。马楚极盛时总制二十余州，号称一方富盛，"署置天官幕府，有文苑学士之号"，形成当地文化发展史上空前的繁荣局面。马楚"下令搜访草泽，由是士无贤不肖参谒，皆延客之"。只可惜好景不长，不过短短20余年，南唐遣大将边镐攻破长沙，马楚衣冠文物尽入金陵，湖南陷入兵荒马乱之中。

随之而来的宋代是中国历史上经济文化得以高度发展的一个朝代。这个朝代非常有意思，表面看来它积贫积弱，但实际上当时经济文化的发展实在堪称中国历史上的顶峰。中国近世很多制度都直接奠定于这一时期，例如，行政区划的设置格局自宋以后基本上稳定；构成社会公平流动机制，让读书人"朝为田舍郎，暮登天子堂"的科举制度也是到了宋代才得以完善。

此时的湘江流域，在文化形象上似乎还看不出重大改变，依然有人将它作边裔看待。例如，北宋时有人称之"遐远幽隔"；到南宋，刘克庄送友人赴长沙仍有句云："不应卑湿地，犹着广寒仙。"不过，坚冰之下已有暗流涌动。该地文化上的势能已经在结结实实地积攒着。经历了南朝以来漫长的开发倒退，湘江流域至此重新起步，呈现出一派勃勃生机。

如果以国史列传人物为指标，在现今各省中，以湘江流域为核心的湖南在唐代与福建并列第16位；到了宋代，湖南于北宋、南宋各有12人，分别居全国的第14、12位。这个位次虽仍不算高，但其发展的趋势颇引人注目。而且,其绝对人数之多也是空前的。

特别值得注意的是岳麓书院的建立。其正式创建在宋初的开宝九年(976),而肇始则在五代后期。很有意思的是主事者竟然是两位僧人:

> 书院乃寺地。有二僧,一名智璇,一名某,念唐末五季,湖南编户风化凌夷,习俗暴恶,思见儒者之道,乃割地建屋,以居士类。凡所营度,多出其手。时经籍缺少,又遣其徒,市之京师而负以归。士得屋以居,得书以读。其后版图入职方,而书院因袭增拓至今。(欧阳守道《巽斋文集》卷7)

在湘江流域乃至整个湖南省境此后的文化发展过程中,岳麓书院起到了一种类似于精神家园的作用。南宋时大儒朱熹、张栻曾会讲于此,湖湘学派的形成即与此有关。一代又一代湘籍士子肄业于此,其精神力量堪称一脉相承。

当然不仅仅是一个岳麓书院。

宋代最超越往古的地方是它对文化的异常重视,而且体现在一系列常设制度上。就文化教育而言,它首次在全国范围内以官方之力推广儒学,从而促进了以儒家文化为核心的传统文化的普及。在此之前,历朝历代对读书人都是只使用,不培养,寻常百姓若想通过读书提高文化水平而进入社会上层几乎难于登天。事实上,这样的想法在那样的历史环境中一定会被当作发疯:你个人读不读书与朝廷有什么相干？谁曾见草根人物向社会上层流动？不要说"上品无寒门，下品无势族"的魏晋南北朝时期，即使在科举已经兴起的唐代，诗人李贺还在哀叹"若个书生万户侯"呢。

然而宋代，不知怎么回事，竟然奇怪地想到要向全社会普及文化教育。其具体措施是以官府之力在各府州军县设立学校。这不能不说是赵家王朝对中国文化发展的极为珍贵而独特的贡献，也是中国社会从中古走向近世的一个重要表征。

南宋魏了翁（鹤山）曾在一篇文章中自豪地说起宋代在文化上较之前代的进步：

> 国朝之制……有非秦汉以来所及者。盖自嵩阳、庐阜、岳麓、睢阳各有师徒，锡之经传，至乾兴元年（1022）而兖州立学，景祐四年（1037）则藩镇皆立学，宝元元年（1038）则大郡亦立学，至庆历三年（1043）以后则郡县无大小咸得立学焉。此既为前代所未有，而职之以教授，领之以部刺史、守相、令丞，则又昔之所无，降周而来，亦庶几无遗憾者矣！

当然这中间有一个过程，直到宋徽宗崇宁元年（1102）又应蔡京之请下诏兴学，学官设置才臻于完备。

在这一兴学运动中，湘江流域的成绩颇为可观。不仅兴学的地域相当普遍，而且不少地方的学宫能多次得以重修甚至重建。

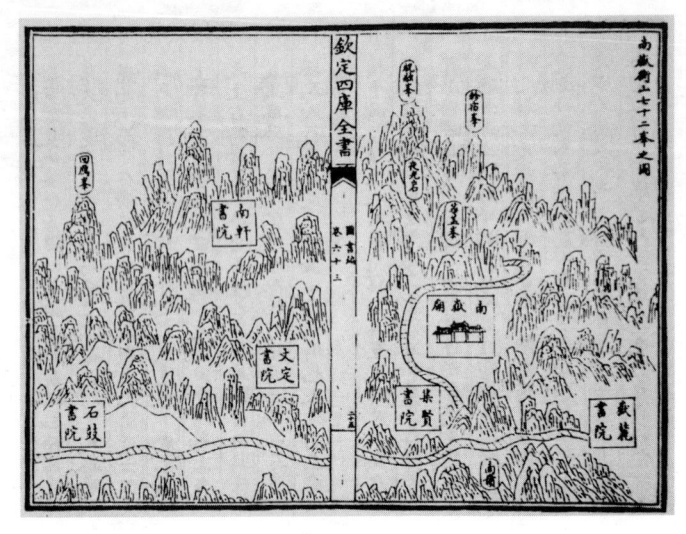

南岳七十二峰

相关的记载史不绝书。

关于兴学的资料大多有一个套路：将欲扬之，必先抑之。为了烘托兴建之不易，一上来总是先把该地原有的状况狂贬一通，然后再将当时的举措尽情赞美。例如，南宋时人称"郴故有学，迫于城隅，湫隘不治"，实际上正是为了反衬："因得浮屠废宫，江山在前，高明爽垲，乃徙而一新之。"又如祁阳：

县东有先圣庙，与浮屠氏居为邻，浮屠氏怀侵奄之计已久，几废而他徙者屡矣，赖二、三学子力争而护存之。

表面看来，儒学在这些地方的境遇很糟糕，可怜巴巴的，但从另一方面看，既有"二、三学子力争而护存之"，不正好反映了儒家文化在当地已经落地生根，具有顽强的生命力？

从地域上分析，宋代湘江流域的文化发展除长沙附近外，比较兴盛的集中于两个地带：其一是湘江上游的道州、永州；其二是湘东与江西相邻的各县。

道州为理学开山祖爱莲居士周敦颐的故里，终宋一代文化相当发达。仅周氏一家便出有周辅成（敦颐父）、周寿（敦颐长子）、周焘（敦颐次子）、周子亮（敦颐族孙）等7个进士。永州与道州毗邻，文风也很盛，如有资料称"零陵谭氏世儒其业"（《诚斋集》卷75）。

邻赣诸县的发展主要集中在罗霄山脉中段。浏阳、平江、醴陵、茶陵，当时的文化发展在整个湘江流域属一流水平，而且地域邻接，形成一个不同凡响的高文化地带。其中特别值得注意的是茶陵，此地儒风极盛。周必大称之：

> 茶陵军虽衡之附庸，然地大，多秀民，登科者相望。

此地还出现了不少文化世家，如学林堂谭氏、汲古堂陈氏等。作为并非通都大邑的丘陵山区，这在湖南省境的历史上是极为罕见的。

这么多文化发达的地方集中分布于邻赣地带，不言而喻是江西移民大量入住的结果。上节曾引《宋史·地理志》的资料,讲到"有袁、吉接壤者,其民往往迁徙自占,深耕概种,率致富饶"。无疑,由富饶而业儒,移民与经济、文化之间的关系已至为明显。

邻赣诸县的文化发达在元代依然得以延续。在整个元代文化较为萧条的大背景中,其表现甚至更加夺目。其翘楚为浏阳和茶陵。

浏阳最值得自豪的是出了个"文章道德卓然名世"的欧阳玄。史称他"三任成均而两为祭酒,六入翰林而三拜承旨;修《实录》、《大典》、(宋、辽、金)三史,皆大制作;屡主文衡,两知贡举及读卷官;凡宗庙朝廷雄文大册、播告万方制诰多出玄手",为有元一代有数的人物。

当然不是只出了一个名人,更重要的是当地形成了极有利于士人向学的文化氛围。许有壬称:

> 浏阳山水深秀,实最潭属,文风士气,又轧湘部,齐民工巧,亦他郡莫及。

对这一说法的验证,便是也出现了一些诗礼世家。欧阳玄家族本身即是。其外家李氏,为藏书家。这些都是从宋代传下来的。当地还流传着一些与科举相关的传说:

> 长沙北十五里,浏水至此折旋,稍南而复北,名骆驼嘴。

俗传圆则浏阳得魁。延祐初（1314）其形尝圆，原功，浏阳人，果为魁，人益异之。

原功为欧阳玄之字。类似的传说在全国各地颇有不少，无须惊怪。只是传说需有一定事实作为基础，它的出现反映当地在科举考试中已颇具实力。其文教水准可想而知。

茶陵的情况，欧阳玄曾有一番感慨：

> 国家有科举以来，凡七科二十有一年。第一甲置三人，三人者皆赐进士及第。自元统初元之癸酉岁始，南士居第二人而膺是宠者，自云阳李君一初始；以第二人南士，初登第入官即得供奉天子词林，预典制诰修史事，又自一初始。是皆儒者之所难遇也。

一初名祁，为元末著名诗人，其裔孙李东阳在明中叶曾开创著名的"茶陵诗派"。李氏之外茶陵又有陈氏，李祁称之"有家学，为乡里推敬"。令人想见其发达气象。

除了浏阳和茶陵，与茶陵毗邻的攸县此时也颇不甘落后。攸县于元代升为攸州，也出现了一些崇尚文化的家族。刘将孙谓：

> 攸州之故家雅士，称李君照叔，文献笃守，子孙竞爽，华发雍容，宾客觞咏，共为备福。

这一现象，当然也与江西移民深有关系。

渐洗蛮风

明代也是中国历史上很有意思的一个朝代。此前，在中国文化的版图上，中原华夏文化的西南边界长期维持在从四川盆地西缘沿长江东下至湘江流域、南岭一线。明代大大加强了云贵高原与中原的联系，从而使得今云南、贵州两省此后成为中国文化版图上不可分割的有机组成部分。

明中叶谢肇淛曾不无自豪地写道：

> 荆蛮、闽越、六诏、安南，皆昔为蛮夷，今入中国。

所谓"荆蛮"指今湖南、湖北，"闽越"为今福建，"六诏"为今云南，"安南"在今越南。其中最重要的关键词"中国"，毫无疑问指文化上的"中国"。

在这样一个历史潮流中，以湘江流域为核心的整个湖南当然是极大的受惠者。尽管从统计数字上还不能反映这一事实，湖南明代进士的数量在今各省中排第14位，《明史》列传人物湖南27人，亦排第14位，这个名次仍与北宋时相当；但这一名次背后的意义已经发生了实质性变化。

至此，湖南一改之前的边裔面貌，一跃而成为汉文化的腹心范围。

在湘、资、沅、澧四水流域中,进步最显著的还不是湘江流域,而是西边的沅水流域。因为它地当滇、黔孔道。明儒薛瑄曾在沅水中游的辰州咏道:

> 雄城百雉控蛮荒,山翠高低接女墙;万里梯航通六诏,五溪烟水下三湘。边氓久已渐华俗,远客频应望帝乡;地气于今同北土,早秋时节雨生凉。

这首诗的起首有点意思,颇令人想起之前的那些陈词滥调。但通过"万里""五溪"一联的过渡,其下半四句已充分地表达了一种全新的文化判读。"地气于今同北土"一句尤为有趣,它暗含着一个久远的文化背景,即上文提及的北人对南方的暖冬不耐;然而此时,不待冬季,"早秋时节"便已"雨生凉"了。谁能说得清,这到底是自然环境变迁的缘故,还是时移世易,人们对自然环境的认知取向有了转换呢?

此情此景,令人不禁想起诗仙李白的名篇:

> 杨花落尽子规啼,闻道龙标过五溪。我寄愁心与明月,随风直到夜郎西。

这首诗是李白写给另一位名诗人王昌龄的。当时李白"闻王昌龄左迁龙标",而龙标正在沅水流域。个中文化面貌的差异,实在是令人感慨万千。

当然,这中间也有个变化过程,宋代为此做出了不少贡献。北宋将沅水上游的原南江蛮地开设为沅、靖两州,一举奠定了沅水流域的政区设置格局。从此当地人"去椎结之俗而饰冠巾,转侏离之音而通字画,奉官吏约束一如中州"。(汪藻《浮溪集》卷19)

但宋代的成效终归有限,当时华风仅传播于城市中。周必大称靖州"民居仅数百家,城外皆是蛮洞"。魏鹤山则形象地描述:

> 郊人犹有大布之冠者。既乃知辰、沅间亦莫不然。

这一切,到明代才得以改变。薛瑄在另一首诗中还有句云"风土往时为异俗,车书此日混遐荒";而其改变的进程是"自从启明运,便已变华风"。由此不能不看到地理区位对一个区域发展的利害。

不过,明代的制度对湖南的文化发展也还不是最有利。当时湖南与湖北合为一个湖广省,重心在湖北,湖南自不免受到忽视。这反映在科举中:

> 湖北文盛,每科得解额十七,湖南杂徭僮荒略,仅得十三,以为例。(毛奇龄《西河集》卷78)

这一"例"也就是一种不成文的制度。固然，湘、资、沅、澧四水流域的文化发展很不平衡，特别是少数民族聚居的沅水中上游文教基础十分薄弱。但制度本身所给定的上升空间有限，也是毋庸讳言的事实：

> 湖北府、县、卫学六十有九，额取九百一十四名；湖南府、州、县、卫学七十有七，额取九百九十五名。总计湖南进学额数较湖北更多，湖南能文之士较湖北相等，只因中隔洞庭，每遇乡试，正值秋水汪洋之候，贫士拮据资斧，行至湖滨，一遇风涛险阻，守候误期。有志之士，或至痛哭而返；甚有科场期迫，念切功名，扬帆冒险，瞬息而遭覆溺者。以致多士畏虑，裹足不前，其能至武昌入场者十无二三，每科中式举人不及湖北四分之一。（《存研楼文集》卷13）

这段文字直接描写的是清初的状况，但时效显然可以上溯到明代，因为其因素直接指向了自然条件。笔者相信在某种意义上这不过是一种托词，当中可能还有一些其他的考虑，只是人世间有些事说不清、道不明，当事人能有所感觉却很难将其形诸笔墨。

制度环境到清代终于迎来实质性突破。具体措施就是分闱分额，即湖南与湖北分别举行乡试，各自划拨固定的取额。

明代两湖合为一省，其他政务都统在一起，要单单将科举分成两块确实有点与体制不合。清代将湖南单独设省，乡试仍与湖北合在一起自然不能为受害方所容忍。经过长达十余年层层申请，趁雍正皇帝即位（1723）之机，湖南士子终于达成目的：

> 遵旨议准：湖南、湖北分闱考试；湖北酌中举人五十三名、副榜十名，湖南酌中举人四十九名、副榜九名。（乾隆《钦定大清会典则例》卷67）

分闱后两湖乡试取额大体相当，可以说湖南大获全胜。从此，湖南的文化发展跃上了一个新的台阶。"惟楚有材，于斯为盛"的古语真正获得了制度上的保证。

生活在今天的人们与科举制度渐行渐远，恐怕已不大能充分认识到分闱的意义。在此可以再次征引同治《桂东县志》中的一条资料：

> 往岁阻洞庭，乡试不上十人，分闱后争自劝学，登甲乙者不绝。

桂东是湘东南很偏僻的一个小县，与江西交界，属湘江支流耒水流域。这条资料是在不带任何特定目的的情况下出现的，它可以有力地证明分闱对当地文化发展的具体作用。

云蒸霞蔚

清代入关后二百余年,到湖南分闱时已过去将近1/3。分闱后再经过一个世纪,道光以后湖南文化逐渐出现了前所未有的异彩纷呈的局面。

从进士数量来看,湖南在有清一代居各省第15位。其中,顺治朝居第14位,康熙到同治,徘徊于第17、16、15位,光绪朝又升至第14位。这一位次与前代相比并无明显进步;但在巍科人物层面,表现出了完全不同的一个结果。湖南清代巍科共20人,次于苏、浙、皖、赣、鲁5省,与直隶并列第6位。这一名次比进士名次高出不少。其中,乾隆以前,湖南巍科未中一人;嘉庆、道光、咸丰、同治四朝,居第11或12位;到光绪朝,仅一朝便得中12人,居同期全国各省之首。

20世纪80年代,倡导湖湘文化研究的近代史名家林增平先生曾以一本当时较通行的《中国历代名人辞典》做过统计,该书共收3755人,鸦片战争前为3005人,其中湖南籍仅23人,占同期全国的0.77%;近代部分750人,其中湘籍85人,占同期全国的11.33%。

晚清经学家皮锡瑞曾评述道:

湖南人物,罕见史传。三国时如蒋琬者只一、二人;唐开科三百年,长沙刘蜕始举进士,时谓之破天荒。至元欧阳原功,明刘三吾、刘大夏、李东阳、杨嗣宗诸人,骎骎始盛。

作为经学家,又是湘人,皮氏此言看似平实,其关键性的后一句仍未能免俗。仍以上述《中国历代名人辞典》所收人物而论,明代496人,湖南籍仅6人,占1.2%,远不及东邻江西的38人及7.7%的比例。

清初重要学者刘献廷曾在《广阳杂记》中写道:

> 袁尧文盛言湖南之妙,宜卜筑于此,为读书、讲学地,柴米、食物、庐舍、田园之值,较江浙几四分之一。前紫庭亦有此言,将为余买田置舍于衡山之阴,以待四方之来学者。而质人甚非之,以湖南无半人堪对语者,以柴米之贱,而老此身于荒陋之地,非夫也。乃口占一联云:只图柴米贱,不顾子孙愚。袁、梁议论,从此参差矣。

这段文字可以说是最能反映湖南在清初文化状况的一条资料。该书中有关湖南的资料不少,可以看出作者对湖南充满感情——至少绝没有偏见,"无半人堪对语""荒陋"的文化评价,相信不会是肆意的诬蔑。

作为一个时代的特色,清代的学术主流是乾嘉汉学,即考据学。当时江浙一带风起云涌,其他各省纷纷跟进,唯独洞庭湖以南岿然不为所动。郭嵩焘曾写道:

> 乾嘉之际，经师辈出，风动天下，而湖以南暗然，无知郑、许《说文》之学者。

作为湖南人，说出这样的话自然要强忍深深的痛。这不是因不满或要求太高而故作义愤，湖南之外的学者也不止一次这样评论。它不过是事实。

然而，从道光朝开始，湖南文化渐渐露出了不凡之象。其关键人物是安化陶澍。

晚清著名的清流党人、现代名女作家张爱玲的祖父张佩纶曾有这样一番议论：

> 道光以来人才，当以陶文毅（澍）为第一。其源（按：似当为"流"）约分三派：讲求吏事，考订掌故，得之在上者则贺耦庚（长龄），在下则魏默深（源）诸子，而曾文正（国藩）集其成；综核名实，坚卓不回，得之者则林文忠（则徐）、蒋砺堂（攸铦）相国，而琦善窃其绪以自矜；以天下为己任，包罗万象，则胡（林翼）、曾（国藩）、左（宗棠），直凑单微。而陶实黄河之昆仑、大江之岷也。

评价确实非同寻常，但张氏自己曾身居高位，生活时代又相去未远，有充足理由认为他的这番品评绝非书生迂儒之见可比。

陶澍过后不久，湖南文化积攒了百余年的能量终于爆发。

以两广客家人为核心的太平军从岭南北上，横扫长江中下游，清朝正规军望风披靡，曾国藩等一批湖南书生率领湖湘子弟先是捍卫家园，而后出省助剿，到最后竟取代清朝正规军底定江宁（今南京），再后来北上剿捻、西定新疆，纵横全国十八行省，硬是凭着一股"扎硬寨，打死仗"的精神开辟了一个崭新的时代。

还是在湘军与太平军相对垒的时候，湖南文化的飙升势头就已引起世人的瞩目：

> 楚省风气,近年极旺。自曾涤生领师后,概用楚勇,遍用楚人。各省共总督八缺，湖南已居其五：直隶刘长佑，两江曾国藩，云贵劳崇光，闽浙左宗棠，陕甘杨载福是也。巡抚曾国荃、刘蓉、郭嵩焘皆楚人也。可谓盛矣。至提镇两司,湖南北者,更不可胜数。曾涤生胞兄弟两人,各得五等之爵,亦二百余年中所未见。（《道咸宦海见闻录》）

从那以后，湖南人的涌现简直无法论"拨"、论"代"，浑如长江大河，一浪高过一浪。光绪时湖南巡抚陈宝箴曾在上奏中称："自咸丰以来，削平寇乱，名臣儒将，多出于湘。"再后来更不得了，戊戌维新、辛亥革命，每一波历史潮流汹涌澎湃，站在潮头"手把红旗旗不湿"的，都是湖南人。

著名历史地理学家谭其骧院士早在20世纪30年代的论著中

就写道:"清季以来,湖南人才辈出,功业之盛,举世无出其右。"

在稍后的抗日战争中,以身殉国战死沙场最为惨烈的仍然是湖南人。

回首近数百年历史风云,湖南人可以自豪地说:"惟楚有材,于斯为盛!"

他们大多是喝湘江水长大的。

四 楚虽三户 亡秦必楚

我本湖南人,唱作湖南歌——
湖南少年好身手,时危却奈湖南何?
湖南自古称山国,连山积翠何重叠。
五岭横云一片青,衡山积雪终年白。
沅湘两水清且浅,林花夹岸滩声激。
洞庭浩渺通长江,春来水涨连天碧。
……
中国如今是希腊,湖南当作斯巴达;
中国将为德意志,湖南当作普鲁士。
诸君诸君慎如此,莫言事急空流涕。
若道中华国果亡,除是湖南人尽死!

——杨度《湖南少年歌》

地域性格

一个地方，总有一个地方独特的地域性格。

近代以来，在中国各地方中，地域性格最鲜明、最引人注目的，恐怕莫过于湖南了。清季湖南巡抚陈宝箴在上奏中称：

> 自咸丰以来，削平寇乱，名臣儒将，多出于湘。其民气之勇、士节之盛，实甲于天下。而恃其忠肝义胆，敌王所忾，不愿师他人之长，其义愤激烈之气，鄙夷不屑之心，亦以湘人为最。

对这一点，湖南人自己也不讳言。民国年间，湘籍名人章士钊曾在一篇文章中写道：

> 湖南人有特性，特性者何？曰好持其理之所自信，而行其心之所能安，势之顺逆、人之毁誉，不遑顾也。

由于这段话实际上正是夫子自道，所以其概括可谓入木三分。

毫无疑问，湖南文化在近代的发展与湖南人的性格深有关系。问题在于：这一性格是怎样形成的？

这一问题可以说让研究湖湘文化的学者伤透了脑筋。

台湾学者张朋园先生在其论著《中国现代化的区域研究：湖南省》中，对前人关于这一问题的种种说法做过详细评析。他说：

"解释湖南人的性格,以血缘说及地理说最为常见。"前说以为是不同民族通婚的结果,后说则主张地灵人杰。他认为血缘说并不可信,同时地理说也失于简单,因此他提出:"其形成的因素与地理有关,与历史上的移民、经济斗争有关。"前者在于"交通之是否方便",后者则指"大量移民的结果,斗争激烈,生存不易"。

张先生的这一见解实际上仍偏重于地理方面,只是较以往的地理说已有所发展。但是,在导出结论的过程中,他认为湖南人自古便非常强悍。这一看法不能令人满意。因为按照这一观点,湖南文化就应该自古发达。

基于湖南的文化形象在近代与在古代截然不同,林增平先生更多地从居民成分的变化着眼。他在20世纪80年代提出一个看法:

> 近代的湖南人,是经历元末明初、明末清初两次大移民,在族源和血缘方面同清代以前湖南居民基本上没有联系的新居民。全省人口素质实现了更新,带来了移民所具有的开拓精神和进取心;又因与苗、瑶、侗、土家族等族联姻,吸收了这些少数民族强韧、犷悍和刻苦的习性,从而在湖南渐次形成了一种有别于他省的朴实勤奋、劲直勇悍、好胜尚气、不信邪,甚至流于褊狭任性的乡俗民气。

这一说法林先生自己称之为"文化断层说"。笔者认为这差不多是一种新的血缘说。它对于湖南文化在近代的横空出世特别有解释力，但是其中仍有不少问题。

首先，林先生对于移民史的把握是有偏差的。近代湖南人诚然绝大部分属于移民后裔，但讲近代的湖南人"在族源和血缘方面同清代以前湖南居民基本上没有联系"，显然不能成立。其次，他提及苗、瑶、侗、土家族"这些少数民族强韧、犷悍和刻苦的习性"，从历史上看来也不尽如此。

问题的症结非常明显：对古代的情形注意不够。

其实，湖南古代的地域性格并非"劲悍尚气"，恰恰相反，在相当长一段时间内它是趋向于"怯懦"的。与此同时，还有另一个很重要的特征：懒惰。

剽疾

进入有文字记载的历史之初，由于整个南方都遭到文化水平较高的北方的鄙视，因而在早期的历史典籍中，关于南方的记载是不可能很具体的。

湘江流域的地域性格，最早的记载只能到楚人的史料中去找。最令人耳熟能详的是出自《史记·留侯世家》的一句："楚人剽疾。"湖南其时地处南楚，自应具有这一特点。

一般人都以为,"剽疾"就是后世所谓的"强悍"。

实际上,从各种资料综合来看,《史记》所谓的"剽疾",仅仅是性格急躁、反应较快、喜怒易形于色的意思。《史记·货殖列传》对此有一段更清楚的表达:

> 夫自淮北沛、陈、汝南、南郡,此西楚也,其俗剽轻,易发怒……衡山、九江、江南、豫章、长沙,是南楚也,其俗大类西楚。

其中,"衡山""长沙"都是郡名,前者地在今鄂东、皖西、豫东南一带;后者则主要包括今湘、资二水流域。很明显,所谓"剽轻"只是"易发怒"的同义语。

这种"剽疾""剽轻"与近世湖南地域性格中的"强悍"可以说存在根本性的不同。

曾国藩有句最能体现湘人精神的名言:"扎硬寨,打死仗,好汉打脱牙和血吞!"它包含至少两方面的性格特征:一、遇事果敢,勇于牺牲;二、毅力坚韧,百折不挠。

回首秦汉时代,湘江流域的居民虽然性格"剽疾",但是"轻",于坚韧一端更是闻所未闻。

《汉书·地理志》对楚地之人的生活状态有一句描述"呰窳偷生"。其中,前两个字的含义颇为难懂。应劭注曰:

> 呰，弱也。

晋灼注云：

> 呰，病也。

颜师古则将其讲解为：

> 呰，短也；窳，弱也。言短力弱材，不能勤作。

诸家对于文字的解释虽不尽相同，但基本意思都相去不远：楚地之人当时表现出一副病恹恹的样子。这样的人如果还要他性格强悍，恐怕实在有点过于勉强。

当然还有更明确的资料。

《后汉书·许荆传》称辖有今湘东南一带的桂阳郡：

> 郡滨南州，风俗脆薄。

《汉书·萧望之传》苏林注则谓：

> 楚人脆急。

这两条资料颇可以参读。薄，犹言轻也、急也，乃是与厚重相对而言的。脆，《说文》释为"耎易破也"；《管子·事语》注曰：

"不坚也。"以此观之,"脆急"适为坚韧之反面。宜乎到三国时北方人还鄙夷不屑地说:

> 吴楚之民脆弱寡能,英才大贤不出其土。

话虽难听,可它是事实。

南朝时期史籍中留下了具体事例。《梁书·杨公则传》记载:

> 公则所领多湘溪人,性怯懦。

"溪"是当时南方的一种土著民族,在湘江流域乃至整个今湖南省境分布相当广泛,这一资料可以反映较普遍的状况。"性怯懦,不习于战",与近代"无湘不成军"的情形正好形成鲜明的对照。

梁代伍安贫作《武陵记》,谓该地:

> 人气和柔,多淳孝,少宦情,常弹五弦之琴,以黄老自乐,有虞夏之遗风。

其中"人气和柔"一句,与后世习于争竞的情形相比不啻霄壤。
值得讨论的是《隋书·地理志》中关于荆州的一条记载:

> 其人率多劲悍决烈,盖亦天性然也。

这也是一条经常被前人用来证明湖南民风自古强悍的资料。"劲悍决烈"与近世湖南人的"强悍"无疑为同类的性格特征。但是，该志所谓荆州用的是《禹贡》的荆州概念，包括今湖北、湖南一大片地方，壤地辽阔，内部宜有差异，不能一概而论。

《隋书·地理志》反映的是南北朝后期至隋代的状况。在这一时期，"荆州"范围内襄阳一带的民风确实强悍，《梁书·武帝纪上》中"荆州本畏襄阳人"的资料可以为证。但在其他地域，根本看不到类似记载。

就沅澧流域而言，上述梁代伍安贫《武陵记》的资料与《隋书·地理志》时效相同，而内容正好相反。前者作为当地的地记，应该出自亲见亲闻，无疑具有更高的可信度。

至于湘资流域，《隋书·乞伏慧传》有曰：

领潭、桂二州，总管三十一州诸军事，其俗轻剽。

潭州治所在长沙，显然，"三十一州"中至少包括湘、资二水流域。"其俗轻剽"，可见仍与《史记》《汉书》时代的状况相去不远。

更值得讨论的是，自后汉以降，今湖南省境存在不少反叛活动的记录，此事尤让人觉得湖南的民风自古强悍。

在《后汉书·南蛮传》中，蛮夷的叛乱活动遍布今湖南全省，其中沅澧流域的"武陵蛮"和"澧中蛮"作"乱"分别达4次和7次。

到唐代,又出现了"寡恩""趋竞"之类的记载。柳宗元曾以湖南郴州一带的风俗写过一篇著名的《童区寄传》,劈头便说:

> 越人少恩,生男女,必货视之。自毁齿以上,父兄鬻卖以觊其利,不足,则取他室,束缚钳梏之。至有须鬣者,力不胜,皆屈为僮。当道相贼杀以为俗。幸得壮大,则缚取幺弱者,汉官因以为己利,苟得僮,恣所为不问。以是越中户口滋耗,少得自脱。

类似的资料也出现于道州,元结在该地上奏时称:

> 臣州僻在岭隅,其实边裔,土风贪于货贿……兵兴已来,人皆趋竞,苟利分寸,不愧其心。

这些资料具有与反叛记录相等的意义。

但是应该看到,这些现象都是在生存欲望的驱迫下发生的。

南方少数民族的反叛有一个规律,就是以汉族势力的进逼为诱发原因,所谓"不来不乱,小来小乱,大来大乱"。湖南在后汉时蛮叛频仍,是当地开发陡然加速的必然结果。此后自三国历南朝至隋代,由于开发速度的减缓以至倒退,相当长的时间里蛮叛的事件便少有发生。因此,蛮叛并不能作为民风强悍的证据。

"寡恩""趋竞"的资料也是如此。杜牧曾在《贺生擒衡州草贼邓裴表》中写道：

> 湖湘旱耗，百姓饥荒，遂有奸凶，敢图啸聚……敢因艰食，渐诱饥人，剽乱乡间，陵惊郡邑，徒坚党合，事巨寇牢。或据深山，或闭官道，遂使湖岭之外，人不聊生。

这一观察很说明问题："敢图啸聚"的动因不过是"艰食"。

心理学的研究表明，生存为人类最基本的欲望。因而，仅仅为生存而争，恐怕不得谓之"强悍"。

在平常时期，柳宗元描述道州："人无争讼。"

况且，从越人"寡恩"的资料中还可以看出，虽然其风俗中存在弱肉强食的机制，但地域性格中缺乏"尚气"这一特征。即，受到欺侮后不敢奋起抗争，只不过找更弱小者出气。

欺弱怕强，与近世湖南人的脾气仍相去甚远。

劲悍尚气

从宋代开始，情况有所转变。

此时言及湖南人喜斗好争的资料颇为不少，其结果是讼狱渐兴。苏辙谓：

> 荆湖之南，地远而多险，民悍而喜讼。

表明湖南古代居民的脆弱性格至此已有所强化。

引领潮流的当然是湘江流域的首府潭州。此时长沙已有"民最喜讼,号难治"的名声。

在此不妨看几条资料:

> 每阅案款,中间或因盗资财、争田产,兆祸于帏薄,启衅于杯酒,或本无深隙拳手遽交,小有间言挺刃相向,而至有亲戚变仇雠,卑幼犯尊长,率以一朝之忿,陷在三尺之科。(李曾伯《潭州谕俗文》)

> 潭之为州,蛮舶萃焉,犀珠宝货,见者兴羡,而豪民巨室,有所讼诉,志在求胜,不吝挥金,苟非好修自爱之士,未有不为所污染者。(刘爚《谕州县官僚》)

> 今或十金之未偿,或一语之不顺,便相杀害,不死不休,累及干连,荡破家产……争田者不明指所争之因,但以强耕盗种劫夺禾谷为名,争地者不明指所争之界,但以发掘坟墓暴露骸骨为主。(卫泾《潭州劝农文》)

这几条资料都出自地方官员的布告,可以说具有相当强的可信度。从中不难看出,当时长沙的民风已有一个很明显的特征——尚气。很多事起初都是因为"一朝之忿",而做出事来便"不死不休",这正是尚气的典型表现。

尤值得注意的是第一篇告示中还有"习使之然,良可叹者"之语,令人觉得已"冰冻三尺,非一日之寒",但此前的史料中找不到类似记载，笔者更倾向于相信这种情况的出现还为时不久。因此，各属县中除醴陵有"民喜斗讼"的记载外，其他县份便缺乏类似资料。

另一个引人注目的地方是处于江湖之会的岳州。曾任该地官员的王炎称：

> 违法不顾，惟岳州四县为甚。就四县言之，惟临湘尤甚。（《上刘岳州》）

他还在一首诗中吟道：

> 草生弃地没牛深，岂是膏腴亩一金？野老双蓬俱半脱，尚凭蜗角起争心。

确实令人感受到一股强烈的尚气品质。

但有趣的是，同样是这位官员，他在另一场合又说：

> 临湘民讼又且至少，固有终日坐于庭而无一纸牒诉者。（《上卢岳州》）

这样前后矛盾的表述，现在恐怕只能折中处理，即，认定该地的民风确实已经比较强悍，但强悍的程度仍较有限。

叶适曾以岳州的另一属县平江为言，称：

> 湖外俗简朴畏事，而平江喜讼善逃，与江浙囂县比。

这是一条极为珍贵的资料，它为我们理解湖南当时的群体性格提供了一个准确的参照系。有这样的比较垫底，我们才有可能准确地估量上述所谓"争""悍"性格的成色。

上述两州都位于湘水下游，其时湘水中游也有一些称其民风强悍的资料。如衡州的耒阳县，周必大称其"素号难治"。但与此同时，更多的是一些反面的资料。

从宋初的《太平寰宇记》到南宋的《舆地纪胜》，衡州的风俗中都有一句：

> 地有舜之遗风，人多纯朴。

这应该不是简单地照抄前人的虚文，因为其时文化相当发达的茶陵也有"邑大俗朴"之目。

而上游各地便只有清一色的反面资料。《方舆胜览》载桂阳军（治今郴州桂阳）：

> 淳朴近古，畏法少讼。

故就湘江流域乃至整个三湘四水而言，苏辙所谓：

> 惟是湖湘之遐，民习险陋之故，犴狱所寄，得人则安。

仍可谓是持平之论。

到了明代，关于湖南强悍民风的资料分布范围大有扩展，表明湖南的地域性格较之宋代又有所强化。

此时也有一些关于怯懦畏事的记载，较多地分布于湘水上游。如郴州有资料称其民"柔懦畏法"。《天下郡国利病书》中也有一段系于衡州府的记载：

> 其俗杂三方，地纡溪菁，岩居谷饮之子，狙习穷僻，惮于检柙，闻京师则震慑，望公府则惕息。

类似资料在沅水下游也有所见，嘉靖《常德府志》称：沅江"人性愚懦，怯于争斗"，龙阳（今汉寿）"风俗淳朴"，桃源"不好词讼，素号易治"。

但是变化的迹象相当明显。

在嘉靖《衡州府志》中，由宋代桂阳军演变而来的桂阳州，给人的印象与上述《方舆胜览》所记刚好相反。该州总体上已经"好讼"，只是还"不狡"而已。其所辖二县：

> 性偏刚而渐惑于伪，事无巨细，少忍辄讼。（蓝山）
> 好讼喜争，比屋习吏，乃多于儒。（临武）

湘水中游地区较之宋代也有所进步。如衡州府直辖各县，安

123

仁县风俗"劲悍尚讼"，酃县甚至更为夸张：

> 父子兄弟刀锥之利亦事竞争，童子发蒙遽习词讼。

因此，作为湘江流域首府的长沙，其民风在时人眼中更其劲悍。无论是纵向上与宋代比，还是横向上与其他地方比：

> 其人劲悍决烈，尚勇而好争，非得疏通练达介特廉明之士不足以治之。（金幼孜《赠欧阳太守之长沙序》）
>
> 其士习则好文而尚义，其民性则决烈而劲直。故习之相近，固多问学志节之风；而性之所染，亦多豪犷桀骜之态。往往健讼之日闻，而逋赋之岁积。为之长者，优柔之政不可以泛而施，而驯扰之绩不容以易而致也。（倪岳《赠长沙府知府王君赴官序》）

甚至，即使在语气比较谦和的记述中也不带半点畏事之态。嘉靖《湘阴县志》称其民"耻浮靡不好争"。这一"不好争"，感觉并非不敢争，只是有所不争而已。

事实上，地域性格的逐渐强化不仅是湘江流域，也是整个今湖南省境在明代共同的一个民风演替过程。

澧水流域在明代隶属岳州府，在隆庆《岳州府志》中，作为共同特征的是"人性悍直"。其中，属湘江流域的东部地区，"巴陵冗烦，临湘冲刁，平江刁猾，华容讼简"，自宋以来已然，不足为奇；奇的是此前在强悍排名榜上寂焉无闻的澧水流域，此时居然也毫不逊色：

> 澧州淳俭颇烦，安乡颇猾，石门刁简，慈利民淳。

尤有意思的是，此处所谓"民淳"的慈利，在万历《慈利县志》的具体描述中完全呈现出另外一副模样：

> 赋性悍直，有小忿则悻悻难忍。

这两者间的差异，究竟是从隆庆年间（1567—1572）到万历年间（1573—1620）发生了变化，还是两部志书的标准有异？考虑到这两者的时间实在太近，笔者倾向于是因为后者。

既如此，当时岳州府中其他州县的"刁""滑"自然更加了得。

沅水为滇黔交通孔道，上文述及其下游常德一带在古代"人气和柔"，但嘉靖《常德府志》载：

> 郡当孔道，人聚五方，气习日移；尚侈靡者僭礼逾分之不顾，习矫虔者竞利健讼之弗已，所谓淳朴之风或几于熄矣。

这就将该地民风的变迁过程刻画得非常动态。

它无疑是三湘四水间的一个缩影。

入清以后，湖南的地域性格上升到一个更高的水平。其强悍特征较之前代进一步有所发展，而表现在地域上则是全省皆然，几乎不再有怯懦畏事的所在。

嘉庆《长沙县志》曾多处对全省的情形进行概括：

> 湖南地邻苗峒，人黠而悍，止知逞强好事，罔识礼义纲常。

湖南之民刁狡成习，动辄以人命为奇货。

楚乡有"官法远、蛮法近"之谣。

如此不厌其烦地陈述，可见其特征之显著。而具体的例证也有很多。益阳在康熙年间的地方志中便有资料称其"轻生嗜利，尚口嚣讼，近亦有之"。类似的资料同样也出现于湘江上游：

> 旧俗田地相连或相欺负，不免致讼，但理直则止，无终讼也；今动以人命相抵诬，至破其产乃已。

这条资料出现于嘉庆《宁远县志》，它反映的显然是一个相当普遍的情形。

湘西为少数民族聚居地，至此也出现了与湘江流域类同的地域性格特征。道光《晃州厅志》称，该地"不好狱讼而俗多尚气概"。显然，"不好狱讼"只是其行为方式有所不同而已，其"尚气"与上述各地并无区别。

同治《龙山县志》所言更为具体：

> 任侠尚气，一语投合倾身与交，偶枨触所忌则反眼若不相知，必得报而后已；乡居穷僻不谙科法，庋理乞胜强于竞讼，视纠众劫斗为故常。

如果以此与上引柳宗元《童区寄传》所载越俗"寡恩"的情形相比较，我们不难发现两者存在一个本质区别：前者的核心是"恃强凌弱""欺软怕硬"，而此时的关键在"不怕事""不服输"。其变化之迹同样十分明显。

清代后期以来，湖南的地域性格特征被一代代湖南人表现到极致。咸同间湘军在战场上的表现堪称第一次精彩亮相。

在此不妨看一个战例。咸丰四年（1854）十月初四日，湘军与太平军在鄂东长江边军事要地田家镇附近的半壁山恶战：

> 先生（罗泽南）登高阜瞭望，见伪官坐将台，龙旗黄伞，气焰甚张。数路贼党约二万余人。时塔公（齐布）尚隔小河，先生所部湘勇、宝勇仅二千六百人，众寡悬殊……先生与诸将约曰："贼众我寡，当以坚忍不发胜之。"诸军布阵以待，如不欲战者然。相持两时之久，贼鸣鼓吹角，数四扑犯，我军皆坚伏不动。先生度贼锐已竭，手大旗一挥，我军突起急攻，大呼冲阵。贼大溃逃窜……
>
> 是役也，水陆两军并力奋击，杀声震天地。环田家镇

贼舟四千余，焚烧几尽，夜半火光照耀数十里。我军人人自奋，长夫余丁争持刀杀贼。自用兵以来，未有毙贼如此之多者……先生力战半壁山，以二千人破贼数万，功最伟。（《罗泽南年谱》）

这一仗，太平军的主将是燕王秦日纲。应该说，这是湘军与太平军无数次殊死搏斗中极为普通的一次。这样讲绝不是要贬低罗泽南的功劳，而实在是因为湘军在与太平军交手的过程中，几乎一直处于敌众我寡的地位，湘军对面，甚至两面、三面、四面几乎总是聚集着数倍乃至数十倍的太平军。

怪不得在当时清政府阵营的那么多军队中，只有湘军能最终"犁庭扫穴"。

从那以后，湖南人更是凭着一股"天下之事在乎人为"（罗泽南语）的精神，自信而潇洒地搏击在历史的每一个浪尖风口。

著名思想史家蔡尚思先生曾经注意到：

戊戌运动，极端维新派的谭嗣同、樊锥、熊希龄、唐才常等，和极端守旧派的王先谦、叶德辉等，皆是湖南人；辛亥起义，湖南首先响应，而头一个为满清殉节的将官黄忠浩，也是湖南人；洪宪称帝，最拥护帝制的筹安会领袖杨度，和最反对帝制的讨袁军领袖蔡锷，也同是湖南人。

不错，这正是湖南才有可能出现的奇异景象。如果不了解湖南的地域性格，对这些看似矛盾的文化表现是不可能理解的。

其实，湖南人一般不太在乎别人怎么看，只要自己认准了，都会一条道走到黑。

所以，在政治上，如果激进起来，会无比激进；而一旦保守起来，也会极端保守。在学术上，湖南人要么做得极严谨、极精彩，要么做得极糟糕。无论激进、保守，精彩、糟糕，都是其他地方人不大做得出来的。

一句话，湖南人性格的强度比较大，一般不喜欢道中庸。

笔者少时在岳麓书院记住了一副楹联上半的上半：

> 是非审之于己，毁誉听之于人，得失安之于数……

笔者时常觉得，这几句话最能体现湖南人的精神。

从古代的剽疾脆弱到近世的劲悍尚气，个中的差异无异于沧海桑田。是什么促成了这一变迁的发生？

宋代的资料曾认为是生存压力：

> 湘俗日窳敝，嗜恶甘如饴。良心岂初然？物欲或迫之。（廖行之《寿湖南宗宪》）

应该说，这一感觉不无道理，只是何以此时的"物欲"能导致"嗜恶"，而此前没有，尚缺乏分析。《宋史·地理志》则将"自是好讼者亦多矣"作为移民进入的结果,可惜对具体情形亦未做交代。

较清楚的资料出现于明代。《天下郡国利病书》在长沙府的内容中留下了一条生动的记载,描述他方游民与居停主人之间的利益倾夺,其文甚长不录,末尾的感慨是:

> 土户强则役客,客户强则累土,讼狱兴而不可止者,其来渐也。

这一观察较之宋人已深入得多。尽管从中还难以看出导致居民性格变迁的机理,但这样一种气氛无疑已构成了变迁赖以发生的人文环境。

更明白的表述见于嘉靖《衡州府志》:

> 客户间主,军民相杂,耳濡目染,以讼为能。环坐聚谈,多及讼事。(衡山)
> 客户渐多,主俗颇变,健讼之风,近年浸长。(常宁)

这一资料将导致居民性格变迁的机理揭示得非常明朗。

其中包含两个层面:首先是移民的直接进入。他们本来就"多智辩"、习于竞争,他们的到来改变了当地的居民成分,使得此类性格在当地的比例逐渐提高。与此同时,他们还实现了一种文化传播,即,通过"耳濡目染"的刺激,使得"主俗"与他们趋向一致。

后一层面显得尤为重要,因为只有这样,才可能实现湖南地域性格的真正变迁。

直到清代,这一文化传播机理仍在发挥着作用。光绪《兴宁县志》云:

> 近岁四方射利者习闻本土易畜,异父母、携妻子,群然沓至杂处……尔来机诈相习,误信地棍挑唆成讼,甚至服毒图赖,猾变百出,邑始多事。

所谓"机诈相习",与上引嘉靖《衡州府志》中的"耳濡目染"如出一辙,两种资料实在有异曲同工之妙。

需要强调的是,劲悍负气,只是近代湖南地域性格中的一个方面。心理学的原理表明,性格往往有多方面特征。

与劲悍这一性格特征在湖南共生的,还有一个至少同样重要的特征:勤奋。这两者不能互相替代。

劲悍,只是对待问题的态度和毅力。而具体地解决问题、实现目标,需要勤勤恳恳、孜孜不倦的奋斗。后一点可谓是前一点的基础。如果徒有无畏的气概而缺少勤奋精神,很难设想最终能有所作为。

而勤奋,正是古代湖南地域性格中所缺乏的。

呰窳偷生

这一方面主要需着眼于经济生活。《汉书·地理志》有曰:

> 江南地广,或火耕水耨。民食鱼稻,以渔猎山伐为业,果蓏蠃蛤,食物常足。故呰窳偷生而亡积聚,饮食还给,不忧冻饿,亦亡千金之家。

湖南在人类历史早期的经济生活已毕见于此。其中特别值得注意的是"呰窳偷生"一句,应劭以为是:

> 言风俗朝夕取给,偷生而已,无长久之虑也。

晋灼将其解释为:

> 呰,病也;窳,惰也。

颜师古则提出一个新的看法:

> 诸家之说皆非也。呰,短也;窳,弱也;言短力弱材,不能勤作,故朝夕取给而无储待也。

各家的诠解其实可以互补,与《汉书·地理志》原文一样,都是很宝贵的社会经济史资料。它们至少可以说明三点:

其一，该地居民呈病弱懒惰的状态；

其二，经济上不至于艰食，也没有什么积蓄；

其三，这种经济生活是因为其独特的人地关系。一方面，江南之地现代属亚热带季风气候，汉代以前比今更为暖湿，故生态系统中的自然生产力（即平均每亩地所产的绿色植物总量）较高，食物链中的环节较多，居民取食容易且品种较多；另一方面，"江南地广"，意即人稀，土地压力不大。

《南齐书·州郡志》叙"湘州"曰：

> 湘川之奥，民丰土闲。

这也是一条很有代表性的资料。湘州辖境为湘、资二水流域。说明土地尚有遗利而居民已经丰饶。湘江流域都是如此，可见整个今湖南省境当时都是一派地广人稀、居民丰足的景象。与上述汉代状况相比，总的经济生活变化不大。

唐代的状况依然如故，其农业生产仍非常落后。

永州的生产技术是：

> 火耕困烟烬，薪采久摧剥。（柳宗元）

道州也是如此：

> 渔沪拥寒溜，畬田落远烧。（戴叔伦）

这种习俗并不单单潇水流域存在，整个省境普遍皆然。就连长沙附近都是：

> 水耕先浸草，春火更烧山。（杜甫）

其余各地可想而知。故时人在讲到"湖南"时说：

> 土俗不尚农，岂暇论肥硗？莫徭射禽兽，浮客烹鱼鲛。（常建《空灵山应田叟》）

需注意的是此文所谓"不尚农"并非别有所尚，只不过其时湘民于耕作仍不必特别卖劲而已。韩愈在衡州有句云：

> 淹滞乐闲旷，勤苦劝慵惰。

可谓明证。

宋代材料甚多，具体情形可以看得更为清楚。

此时的经济结构仍相当单调：

> 湖湘之俗，素号淳朴，非有游观侈泰之欲以荡其心，非有工械伎巧之蠹以分其力，民无末作，多事南亩。（卫泾《潭州劝农文》）

但劳动投入与以前已有所差异，真德秀在该地为官时所作《劝农文》中写道：

> 嗟尔湘人，为生甚勤。土瘠而碛，俗窶且贫。

即农民为生，已渐感困难。可是：

> 良农虽苦，可冀有秋。惰农虽逸，荒其田畴。

即，仍可以看到一些惰农的存在。

当时潭州已号称产米之地：

> 潭之风土，多种早稻，其视晚禾居什之七。晚禾虽稔，自输官外，赢余无几。富家之所储蓄，细民之所仰食，惟早稻而已。（真德秀《申朝省借拨和籴米状》）

可是产量并不高：

> 中户以下输赋之余，仅充食用，富家巨室所在绝少。（真德秀《申尚书省乞拨和籴米及回籴马谷状》）

同时，土地的垦殖指数也相当有限。史载：

> 湖湘多山田，可以艺粟，而民惰不耕。（《宋史·李允则传》）

从而供需关系非常脆弱,叶适尝谓:

> 采湖南士民之论,以为二十年来,岁虽熟而小歉辄不耐;地之所产米最盛,而中家无储粮……每遇小歉,闾里不能自相给,惟仰州县赈救,城市之民,青黄未接食于常平者十家而九。

可是,丰年的景象则大大不同。时人有诗云:

> 平楚皆膏壤,成汤忽旱年……乙卯(1135)饥荒后,长沙富庶全,纪年四十载,斗米二三钱(潭州自绍兴五年一旱后,丰稔三十八年)。县县人烟密,村村景物妍,朱蹄骄柳陌,金镫丽花钿(长沙自唐号小长安,朱蹄金镫,杜甫所云)。习此民成懒,加之吏不虔,力耕终苟且,劝课或迁延,绿野田多旷,潢池恶未悛,曷尝修稼政,但见饰宾筵。(王阮《代胡仓进圣德惠民诗一首》)

从诗中可以看到当时该地的生活常态:懒惰,苟且。

应该看到,这种懒惰、苟且的生活习性并不是诗中提及的那三十八年丰稔才"习成"的,而是自古以来当地特定的人地关系赋予的。只能说,当时此地较为宽松的人地关系决定了农民维生并不需要过于勤苦。

那时在一年当中,用于农作的时间充其量就一半。朱熹曾记载潭州：

> 多是禺田，只有早稻，收成之后，农家便自无事。(《约束榜》)

既如此，剩下的大半年时间便只能用来游玩了。当时还没有流行麻将，但是我中华文化源远流长，自不乏各色或精致或粗俗的用于游玩的文化。据朱熹在上述《约束榜》中所说：

> 本州累次出榜，立赏钱三十贯文，禁止百姓及军人赌博，仍拆毁柜坊，并告报诸营寨厢官，及遍牒在城诸官厅，常切觉察钤束，非不严切。今来尚有不畏公法之人，依前开柜坊停止军兵百姓，公然赌博，全无忌惮，厢巡容纵，兵官亦不钤束，深属不便。

所谓"柜坊"，就其功用来说，大概相当于今天的"游戏机房"吧。虽然其用具及玩法不得而详，但既然可以"停止军兵百姓"，想必其规模已经搞得很大。而且，居然要惊动长官"遍牒在城诸官厅"，可见在当时当地的社会上已经相当普及了。

其他各地的情况自然也差不多。

衡阳，虽然有人在路过时曾留下"风物熙然冠楚乡"的印象（李曾伯《衡阳道间即事》），但在正式公文中，该地仍与上引《汉书·地理志》中相仿佛：

> 衡山之阳，湘水之左，厥民甾窳，为生甚薄。（刘敞《朝奉郎邢平可知衡州制》）

其上游的永州，时人称之为：

> 湘中粒米狼戾之区，民生其间，本易以得食。乃自近岁有司和籴之令甚严，轴舻相衔，竭九郡之产而北，湘人始困。永之为州，市民为户不过三千，率多贫弱，春夏之交，苦于贵籴。（高斯得《永州续惠仓记》）

这段文字中的"易以得食"，可以说是"甾窳偷生"的一个与时俱进的说法。作者声称"竭九郡之产而北"是"湘人始困"的直接原因，其实根本原因并不在此。诗人在永州郊野看到的景象是：

> 野宿孤村迥，山行十里荒。（李曾伯《将到永州宿村舍》）

可见，当地农业发达程度本来就有限。

湘东南耒水流域的桂阳军，有人将其与当时经济文化比较发达的闽浙进行对比：

> 闽浙之土最是瘠薄，必有锄耙数番，加以粪溉，方为良田。此间不待施粪，锄耙亦希，所种禾麦自然秀茂，则知其土膏腴，胜如闽浙。然闽浙上田收米三石，次等二石，此

间所收却无此数，当是人力不到，子课遂减。奉劝自今更加勤勉，勿为惰农，坐视丰歉。（陈溥良《桂阳军劝农文》）

这段文字采用正面诱导，对当地农民的不良行为并没有加以直接的指斥。但末尾所谓"勿为惰农"，分明是说该地还有一些"惰农"存在。而从"所收却无此数"来看，或许作者以为"此间"都不够"勤勉"，亦未可知。

虽然如此，该地人对于享受生活，却并不见得俭啬。例如对重九节非常重视，"家家人醉鸡豚社"（陈溥良）。理学家陆九渊干脆将这一带的习俗概括为"惰力侈费之俗"（《宜章县学记》）。

湘江流域尚且如此，资、沅、澧三水流域自然更有所不如。《宋史·地理志》称荆湖北路"农作稍惰，多旷土"。具体资料已毋庸枚举。

直到明代这一状况仍在延续。

此时两湖（湖南、湖北）的粮食生产在全国已占有重要地位，自南宋以后广为流传的谣谚"苏湖熟，天下足"已经为"湖广熟，天下足"所取代。所谓"苏湖"指的是苏州、湖州，都在太湖流域；而"湖广"则指两湖，其实是有"湖"而无"广"。

但时人对"湖广熟，天下足"并没有表现出足够的尊敬，相反，还有不少人以此作为指责该地农业不够发达的口实。

包汝楫《南中纪闻》载：

> 楚、魏间滨河处淤田,往往弥望无际,其开垦成畦者动辄千亿,真天地间未辟之利也。但彼中治田,不若三吴之勤,岁不过一稔,以此收获亦不甚奢。

类似资料为数甚伙。章潢《图书编》叙"全楚习俗"时有一断语:

> 今乃田腴而民情焉。

文徵明亦谓:

> 荆湖沃衍而流庸情弛,地利有所未尽。

这些材料虽然不是专指湖南,但湖南的情形也由此而可以反映。

从中不难发现,当时的"湖广熟,天下足"并不是劳动密集,从而使农业生产水平提高的结果。与发达地区相比,此地农业的劳动投入程度仍大为不逮。

具体情形,沅水流域可参考嘉靖《常德府志》的记载,该志在复述汉代"呰窳偷生而亡积聚"的言论后加以按语:

> 吾郡至今则然。

澧水流域，万历《慈利县志》记载：

> 颇足自给，但地瘠农惰，咸窳偷生而亡积聚。

湘水流域本应较为发达，但类似的资料也不少。上述在宋代"风物熙然冠楚乡"的衡阳一带，嘉靖《衡州府志》记载：

> 地有遗利，民有余力，甘为惰农，衣食多窘。

弘治《衡山县志》亦谓：

> 山泽相间，地多闲旷，民以耕渔为业，无巨富之家。

湘水上游的永州，此时其农业生产水平似乎比宋代还有所倒退。在明人的观感中，该地尚不及已度属广西的全州。童冀在此写过一系列歌行，其《荒田行》题注云：

> 永州四野荒田弥望，入全州境即无旷土矣。

此情此景为前代所未见。难怪该地的文化发展水平到明代出现了较大程度的下坠。

以上情形都不算稀奇。奇的是长沙府附郭善化县，当时居然有人描述：

> 民性拙而习懒,其务本者不过从事一熟之田,至于麦、豆、竹木皆可生利而彼不事,其逐末者不过肩一瓜一蔬,及持网罟觅蝇头利于烟水间。(唐源《水利议》)

这种情形,无论如何令人难以相信这竟然是湘水流域的腹心之地。揆诸常理,它本应是省境当时最发达的所在。

事实上,直到清初,上述状况仍改变不多。清初偏沅巡抚董安国疏言,湖南丈后余存荒芜田地的州县有"长沙之善化、醴陵,永州府之道州、新田,郴州之桂阳、兴宁,靖州之绥宁",此外还有一些所谓"人力难施"的存荒。可见其时地有遗利还是一个不小的问题。

终岁勤动

清中叶以后,情况发生了显著变化。

省境普遍人满为患,有感于民风勤苦的哀叹不绝于史乘。

最先见于记载的是长沙附近。早在乾隆《长沙府志》中,其风俗便有"民习勤苦,人尚气节"之称。稍晚出现的各属县的志书中,类似的记载俯拾皆是。如上述在明代被称为"民性拙而习懒"的善化,光绪《善化县志》称:

> 乡间作苦情形,不患不勤而患不富,终岁勤动有不得

养其父母者。

其间发生的变化简直天翻地覆。

资料中特别生动的是湘乡和醴陵。同治《湘乡县志》在讲述"土不加辟而力于耕作,人不甚丰而习于勤俭"的同时,特别给出了一幅农民力作耕垦的生活画卷:

> 农人春耕夏耘至秋收弗懈,岁晚储粪种、修陂池,四时间无日休息,父老子弟皆知稼穑之艰难。

而同治《醴陵县志》则在描述"隙地皆垦种,无弃壤"之后,特别以当地的熟制与其他地方进行比较:

> 农人终岁勤动,视他邑岁一熟者尤为劳苦。

值得注意的是,醴陵和善化都是上述在清初还有余存荒芜田地的县份。

洞庭湖东畔的岳州,光绪《巴陵县志》云"邑境多山,农民世业难以自给",因此不得不远走他乡,"多营生于湖北"。

离开,确实是规避生存压力的一个不错的选择。自明代以降,湖南从原先单纯的移民输入省份逐渐演变为一个移民输出省份,谚云"江西填湖广,湖广填四川",正是这一自东而西的移民浪潮的生动反映。

但并不是每个地方的人都能够轻易地选择离开。况且,在全国人口整体膨胀的大背景下,无论离开还是安于故土,都一样需面对日益紧张的人地关系。

于是,千百年来"民丰土闲"的"湘川之奥",便只有没完没了地向山头地角追加投入愈需愈多的廉价劳动力。

湘江中游的衡州,道光《衡山县志》言其民"终岁勤动",光绪《耒阳县志》甚至讲已到了"良农亦未必尽丰"的地步。

上游的永州,道光《永明县志》就已经发出哀叹:

> 民多作苦,力田之暇辄垦地种园……唯人满而土瘠,故原藏者罕闻。比来客籍占居遍于穷谷,伐山畲种,水源缩小,地利尽而农事伤矣!

到了光绪《道州志》中,当地的农村除"凡山头地角开垦无遗"之外,农民还需:

> 秋冬间相率凿石刈枯草烧石灰以备来岁之用,余日则种蔬菜、拾柴薪,无稍闲者。

这与上述宋、明时期相比,其间的差异不啻霄壤。

郴州范围内,在上述宋代的资料中曾被耻笑为"惰力侈费之俗",此时的景象亦是沧海桑田。如光绪《永兴县志》所言的"俗尚勤俭，无旷土，无游民"，已毫不动人。同治《桂东县志》的深度描述才着实具有震撼人心的力量。其内容约分三点：

> 四面皆山，田少井计，延冈接陇，塍浮于亩。斩阡刈陌，用力最苦。
> 秋收后率沿山刈茅，凿石烧灰……终岁勤动，无宁处焉。
> 近生齿日繁，谋生者众，深谷高陵种植杂粮，几无隙地。地力尽民力亦尽矣！

然后，该志无限同情地感慨：

> 四民莫苦于农，而桂东尤甚焉！

此情此景，笔者只能吟哦三闾大夫的名句："长太息以掩涕兮，哀民生之多艰！"

以上过程在湖南的其他三水流域当然也在同步发生。

资水流域可以其上游为例。光绪《武冈州志》载其民耕作"不遗余力"。光绪《新宁县志》甚至称当地之人：

> 务勤四体，间有游惰辄不齿于乡。

这一记载是可信的。笔者少时在乡间对此深有体会。"打流"的名声，可以说是一切难听的名声中最难听的一种。如果有身强力壮的人出来讨米，他不仅得不到主人的同情，反而还会受到最轻贱的呵斥。

沅水下游，早在嘉庆《沅江县志》中便有记载：

> 昔者小民善渔昧稼，今则人知力田。

这条资料非常有意思，它表明当地人口压力的增长，已经导致其主营经济产业发生了转变。沅水上游地区，不少地方志中都有"山多田少，生计为艰"的记载。道光《辰溪县志》还补充描述道：

> 近虽山巅水涯亦皆垦艺无旷土矣。

澧水流域也不例外，自嘉庆《石门县志》所载"重本力农"，到同治《安福县志》的"野无旷土，邑无游民"，所有的资料都众口一词。只是当地自然条件有限，从而其产业结构单调，而经济水平较低。同治《桑植县志》载：

> 邑民鲜逐末，除力田垦山外，别无奇赢可挟，故耕作勤而盖藏亦寡。

对比秦汉时期的"呰窳偷生而亡积聚"与清中叶以降的"耕作勤而盖藏亦寡"，个中内涵的差异实在是不可以道里计。笔者不禁想起老杜的两句诗：

> 怅望千秋一洒泪,萧条异代不同时!

现在需要考虑的是:湖南的地域性格为什么会发生这样的变化?

如果没有经过一番历史的考察,对这一问题也许会茫然无主。现在既然有了上面的分析,我们应该有把握说:关键在于人文环境的变迁。尽管这中间也有着自然环境不可或缺的作用,但自然环境对人类社会发生作用,也需以人文环境为中介。

清中叶以前,湖南长期地广人稀,地不必尽其利,人也无须竭其力。这样环境中的民风,必然是不够勤奋,生产方式较为粗放,垦殖指数也不高。既然不存在激烈的竞争,伴生的另一面必然是怯懦畏事。还有什么比身家性命更可贵的呢?

随着移民的进入、经济的发展,人文环境渐次出现衍化。人地关系趋于紧张,生存竞争渐次加剧。故地域性格逐步得以强化。

强化可以分为两个层面,其一是从脆急转变为果敢坚韧,其二是由懒惰而趋向勤奋。两者之间,前一过程显然较为轻松,故而从宋代已经开始;而后一过程无疑更为艰苦,故直到清中叶才最终完成。

然而还有一个问题是:如果从文化名人的层面观察,湖南的地域性格自古以来便非常明显,且一直变化不多。这又该如何解释?

质直果敢

今天所谓"文化名人",按照传统的表述,大体可以称为"士",即,在政治、文化等方面比较杰出的人物。湖南历史上的此类人物大多具有共同的性格特征——果敢、负气、质直,而且自古已然。

湖南士人之具有特别性格,最早的记载见于《三国志》,其中关于蒋琬,本传载:

> 琬以州书佐随先主入蜀,除广都长。先主尝因游观奄至广都,见琬众事不理,时又沉醉,先主大怒,将加罪戮。军师将军诸葛亮请曰:"蒋琬,社稷之器,非百里之才也。其为政以安民为本,不以修饰为先,愿主公重加察之。"先主雅敬亮,乃不加罪,仓卒但免官而已。

从这段记载来看,蒋琬的性格明显地具有两个方面的特征,一是质直,这可从"其为政以安民为本,不以修饰为先"看出,说明他思考和处理问题能抓住实质,而不缘饰无关宏旨的表面文章;二是负气,他固然是社稷之器,非百里之才,但未遇时竟"众事不理",这种做法是异乎寻常的。

清代学者桂馥曾就此发挥道:"小试于令长之间,亦断断难收其效,宁吞志以死耳。"可谓道出了蒋琬的心声。

蒋琬的性格在相当长历史时期的湖南士人中都具有典型意义。如《晋书》所载:

邓骞，长沙人，"少有志气"，"常推诚行己，能以正直全于多难之时"。

周该，天门人，"性果烈，以义勇称，虽不好学，而率由名教"。

虞悝，长沙人，与弟望"并有士操，孝悌廉信"，"以人伦为己任"。

这几位的个性与蒋琬都多少有一些共同特点，即尚气，胸怀大志，有责任感。当然，如果其期望值得不到满足，也很容易自暴自弃。《陈书·欧阳頠传》所载其性格特点也与之类同："少质直，有思理，以言行笃信著闻于岭表。"

唐代的情形，诗人李群玉可为很好的例证：

> 唐李群玉校书，字文山，澧州人。有诗名，散逸不乐应举，亲友强之，一上而已。尝受知于相国河东裴相公休，为其延誉，因进诗，授弘文馆校书，终于荆襄间。然多狎酒徒，疑其为张祜之流。李少逢善夷谪官澧阳，备知其行止，因为纪之，乃清介高节之人，非轻率之士，疑为同人所谤。（《北梦琐言》卷6）

这位诗人既然"清介高节"，其对自己期许自然不低。"非轻率之士"，可见其平常"言行笃信"。虽然目前已无从得知其"散逸"的原因，但"多狎酒徒"，与上述蒋琬不得志时的表现简直毫无二致。

到宋代，湖南士人进入国史者不少，如《宋史》所载：

狄遵度，长沙人，"少举进士，一斥于有司，耻不复为"。

周南，平江人，"每以世道兴废为己任"。

胡颖，湘潭人，"感励苦学"，"性不喜邪佞"，"为人正直刚果"。

这几位，也都活脱脱堪称上述诸位湘籍士人的翻版。

《大元一统志》描述长沙府风俗时称：

> 渐被胡文定《春秋》之学而士习好文，向慕谭世勋忠节之风而乡俗尚义。

实际上，"忠节""尚义"不仅是长沙，已完全发展成了湘江流域乃至整个三湘四水间共同的性格特点。此后的情形自毋庸赘述。

显然，士人层面的性格特点与上述总体的地域性格变迁不无偏离。

笔者认为，这中间至少有两点值得注意：其一，士人之成其为士人，就是因为他们比一般人杰出，因而当大多数人都怯懦畏事，又懒惰、脆急的时候，他们性格中的果敢、负气无疑是他们能成为士人的充要条件。毕竟，这些人在数量上还是很少的。

湖南的国史列传人物在第四章已述，包括附传人物在内，也不过后汉5、三国9、晋16、宋1、齐1、梁1、陈2、唐8、五代3、宋29、元12、明41人，在全国一直只占很低的地位。由此观之，士人层面的性格特点与整体居民存在差异，完全是正常的。或者不妨说，如果这两者不存在差异，那才是极不正常的。

更重要的还有其二：士人层面的地域性格其实也存在一定的变迁。

请注意蒋琬与曾国藩两人的个性，他们俩碰巧都是湘乡人。蒋琬的性格所导致的命运是"遇则风云，不遇则泥途"，桂馥认为"其故在上不在下也"，确实没错。但如果只是这样的话，曾国藩就不会有成为曾国藩的那一天，他充其量只能安安分分地当一介道貌岸然的"理学名臣"，而不可能出将入相，带领一批乡野书生开辟出同治中兴之局。

试看曾国藩在与太平军较量的进程中，经过多少挫折，遭受多少打击，同时又要忍受来自同一阵营中的多少猜忌、排挤乃至欺辱，但最终，是他而不是别人到达了目的地。

据李鸿章说，他的老师曾国藩曾著有一部《挺经》，凡18条，大意是阐发一个哲理：人生在关节处，要能"挺"。李鸿章卖关子，只肯讲一条；该书未传于世，是否杀青亦不得而知。但如果细读他的家书，常可以发现相关的表述：

凡事皆有极困极难之时，打得通的，便是好汉。

不用说，这背后起作用的，正是一个"挺"字诀。而这个"挺"字诀，正是古代湖南士人没能参透的。

曾国藩还曾在家书中现身说法，向其弟检讨其早岁个性：

> 昔余往年在京，好与诸有大名大位者为仇，亦未始无挺然特立、不畏强御之意。近来见得天地之道，刚柔互用，不可偏废，太柔则靡，太刚则折。刚非暴虐之谓也，强矫而已；柔非卑弱之谓也，谦退而已。

应该说，"挺然特立、不畏强御"，正是再典型不过的湖南性格。可是，"太刚则折"，如果光有一股刚劲，一味尚气，还不能说已经得了"挺"字真诀。更重要的还需一份韧性。

毋庸置疑，这个"挺"字，这股韧劲，才是真正把握和创造机会的能力。

将湖南历史上的士习与民风加以对比，不难发现，其中的反差在逐渐缩小。古代民风怯懦而士习果敢，到近世两者已趋向一致。笔者认为，正是这一点影响了湖南文化的发展轨迹。

在古代民风怯懦的环境中，虽然也能出一些果敢质直的士人，但因与习俗的差异较大，其概率是不可能很高的。因为士人的行为必须超凡才能脱俗。到近世整个民风趋向劲悍，从小便受到各种熏陶、激励，湖南的士习才得到了真正的活水源头。

认识到这一点，对解释湖南历史文化的发展是非常关键的。

正因为在古代民风与士习存在反差,湖南文化便只能长期默默无所重轻于天下。不仅湖南,其他地域的文化发展大多也存在一些类似的问题。

五

楚学离中原而独行

乱极时站得住,才是有用之学。

——〔清〕罗泽南

只要对湖南的文化人物稍加留意，就不难发现一个现象：近代以来风起云涌的这些所谓"文化人物"，大多数实际上并不玩"文化"。其中主要是政治人物。如果再分细一点，那么最多的是军事人物，应验了一句流传甚广的谣谚："无湘不成军。"其次是政界人物。真正在文化界待的，数量是不能算多的。

考虑到民国以前的"学者"缺乏客观标准，在此不妨以1948年中央研究院的院士人数做一简要说明。当时的院士含金量很足，包括数理、生物、人文3组，全国共才81名，而且其选举过程相当公正，完全考虑学术成就。其省别分布是：浙江19人，江苏15人，广东8人，江西、湖北各7人，福建、湖南各6人，山东、河南、四川各3人，河北2人，安徽、陕西各1人。

在这一排行榜上，湖南的名次固然不算低，但较之同时期整体"文化名人"的排名状况，自然是大大地瞠乎其后了。

不过，数字从来只能反映出部分的事实。湖南的学者数量在全国历来不算多，但湖南的学术一如其人，特有个性。

民国时湖南耆宿王闿运去世时，熊希龄曾撰有一副传诵一时的挽联，其上联是：

> 楚学离中原而独行，读《湘绮全书》，直接三闾大夫，船山遗老。

这句话不仅深刻地表现出湖南人对学术问题的自信，同时也提纲挈领地概括了湖南学脉的精神归属。

三闾大夫

楚国的三闾大夫屈原是历史上第一个姓名与作品同时流芳百世的诗人。作为一个浪漫主义诗人，他的诗作固然是瑰丽神奇，但他的作品与一般的浪漫主义作品还不一样。

比如说李白，也被公认为浪漫主义大诗人，人称"诗仙"。读他的作品，你能得到一种美妙的艺术享受：

> 海客谈瀛洲，烟涛微茫信难求。越人语天姥，云霞明灭或可睹。……

即使他抒发一些感慨、忧愁，乃至愤懑，也不过是：

> 噫吁嚱，危乎高哉，蜀道之难，难于上青天！……
> 白发三千丈，缘愁似个长。……
> 大道如青天，我独不得出！……

这样的诗作，宛如一湾山间溪水，清澈、亮丽，时而飞流直下，时而低浅萦回，读后余香在口，无比轻松。

但屈原的作品完全是另一个境界。他的诗，直如长江大河，深沉，浑厚，具有一种摄人心魄的震撼力：

> 制芰荷以为衣兮，集芙蓉以为裳。不吾知其亦已兮，苟余情其信芳。
>
> 高余冠之岌岌兮，长余佩之陆离。芳与泽其杂糅兮，惟昭质其犹未亏。

读其书，想见其人。尤其当我们了解到屈原的身世，再来吟诵他的作品，感受自是更加与众不同。《史记·屈原列传》有曰：

> 屈原至于江滨，被发行吟泽畔，颜色憔悴，形容枯槁。渔父见而问之曰："子非三闾大夫欤，何故而至此？"屈原曰："举世混浊而我独清，众人皆醉而我独醒，是以见放。"渔父曰："夫圣人者，不凝滞于物，而能与世推移。举世混浊，何不随其流而扬其波？众人皆醉，何不餔其糟而啜其醨？何故怀瑾握瑜，而自令见放为？"屈原曰："吾闻之，新沐者必弹冠，新浴者必振衣。人又谁能以身之察察，受物之汶汶者乎！宁赴常流，而葬乎江鱼腹中耳，又安能以皓皓之白，而蒙世之温蠖乎？"

笔者相信，任何一个有心肝的人，读到这段文字时都不可能不受感动。而如果是湖南人，恐怕一多半在读的时候要声泪俱下。

笔者是在少年时接触到这段文字并熟读成诵的，每次诵读，都不禁想起在潇湘间感受到的一切。

屈原虽然不是土生土长的湖南人，但他"信而见疑、忠而被谤"的遭际，实在是每一个具有湖南性格的人都可能遇到，而且可能经常遇到的遭际。

屈原个性中那份"亦余心之所善兮，虽九死其犹未悔"的倔强，实在是很典型的湖南那个地域的倔强。

将屈原放逐到沅湘，实在是楚顷襄王对于三湘四水间的恩赐。

屈原不是学者，他从事的不是学问，但他的人格一直是沅湘间一代又一代读书人生生不息的精神力量。

你说它是文化遗传也好，说它是心理暗示也罢。

清咸丰年间，左宗棠作为湖南巡抚骆秉章的师爷，由于勇敢有为，又争强好胜，不免招致不少人忌恨。其同乡好友郭嵩焘请潘祖荫上疏为之辩解，称：

> 楚南一军立功本省，援应江西、湖北、广西、贵州，所向克捷，由骆秉章调度有方，实由左宗棠运筹决胜，此天下所共见……是国家不可一日无湖南，而湖南不可一日无宗棠也。宗棠为人，负性刚直，嫉恶如仇，湖南不肖之员不遂其私，思有以中伤之久矣。湖广总督官文惑于浮言，未免有引绳批根之处。

稍后，左宗棠好友胡林翼亦上奏为之保举：

> 名满天下，谤亦随之。其刚直激烈，诚不免汲黯大戆

宽饶少和之讥，要其筹兵筹饷，专精殚思，过或可宥，心固无他。

此时的左宗棠，岂不正如三闾大夫"忠而被谤"？

左宗棠是幸运的。时移世易，他已无须再重复三闾大夫的命运，因为"楚南事势关系尤大，不得不为国家惜此才"（潘祖荫疏）。但万一不巧，没碰上那样一个"需才孔亟"的当口，或者你还没有来得及让人知道你有"才"，岂不危乎殆哉？

峨冠博带，披发行吟，实在是湖南人性格中很难打破的一种宿命。

欧阳父子

如果按照客观标准，湘江流域最早可以称为"学者"的，应该是唐初的欧阳询。

欧阳询为潭州临湘（今长沙）人，为《陈书》中有传的欧阳颁之孙。他和他儿子欧阳通在新旧《唐书》中，都被列在《儒学传》。

正史中与文化有关的有两种类传："儒林"和"文苑"。就入传的原则来说，"儒林"为学者，而"文苑"为文人。

文苑有传创自《后汉书》，湖南在《晋书》中便有耒阳人罗含，桓温称其"江左之秀"。儒林类传始于《史记》，而湘人直到《唐书》中才有踪影。足见学术发展较文学创作更需要条件。

欧阳询、欧阳通这一对父子在书法上成就很大,当时人称"大小欧阳体"。欧阳询更是与虞世南、褚遂良、薛稷并称为初唐四家,又与颜真卿、柳公权、赵孟頫并称为楷书四大家。

但他们得以入《儒学传》,显然不是因为书法成就。欧阳通是因为附传才入的,他本人不够单独在国史中列传的资格。而欧阳询,《旧唐书》载其除了书法"笔力险劲,为一时之绝",还:

> 博览经史,尤精《三史》。仕隋,为太常博士。高祖微时,

欧阳询《张翰帖》

引为宾客。及即位,累迁给事中。

　　武德七年,诏与裴矩、陈叔达撰《艺文类聚》一百卷。

　　贞观初,官至太子率更令、弘文馆学士,封渤海县男。

这些,确实是一个学者的本色。《艺文类聚》现在已成为研究南北朝史的重要资料。

足够分量的个人著述,传世的除了两篇相传为他作的书法理论文章《传授诀》《用笔论》,再有便是几篇碑文。从中看不到他的学术思想。因而,作为一个学者的欧阳询已完全消失,现在人们所能看到的只是一个伟大的书法家欧阳询。

湖南人真正在学术上有所建树,还要等到宋代。

《艺文类聚》书影　　　　　　欧阳通《道因法师碑》

士多隐逸

从汉晋的人文初开,到唐代缺乏个人著述的学者欧阳询出现,这期间湖南的读书人在做些什么呢?

史料中说:这个地方当时的文化风气是"士多隐逸"。

隐逸是先秦时期楚地显著的一个文化特征。湖南当时草莱未辟,当然还谈不上。可是自从东汉初年在文化上启动,此地很快便表现出了相当强烈的这一文化倾向。

《晋书·隐逸传》列有武陵汉寿伍朝、龚玄之、龚玄之弟子元寿三人。《伍朝传》载其:

> 少有雅操,闲居乐道,不修世事。性好学,以博士征,不就。刺史刘弘荐朝为零陵太守,主者以非选例,不听。尚书郎胡济奏曰:"臣以为当今资丧乱之余运,承百王之遗弊,进趋者乘国故以侥幸,守道者怀蕴椟以终身,故令敦褒之化亏,退让之风薄。案朝游心物外,不屑时务,守静衡门,志道日新,年过耳顺而所尚无亏,诚江南之奇才,丘园之逸老也。不加饰进,何以劝善!且白衣为郡,前汉有旧,宜听光显,以奖风尚。"奏可,而朝不就,终于家。

《龚玄之传》亦载其"好学潜默,安于陋巷",以至于"州举秀才,公府辟",均不就;后来孝武帝下诏以之"为散骑常侍,领国子博士",仍"苦辞",终于不行。其弟子元寿:

亦有德操,高尚不仕,举秀才及州辟召,并称疾不就。孝武帝以太学博士、散骑侍郎、给事中累征,遂不起。卒于家。

稍后不久,龚玄之的从孙龚祈又以同样的面目出现在史籍中,而且还包括龚祈之父龚黎民。《宋书·隐逸传》载:

> 龚祈,字孟道,武陵汉寿人也。从祖玄之,父黎民,并不应征辟。祈年十四,乡党举为州迎西曹,不行。谢晦临州,命为主簿,彭城王义康举秀才,除奉朝请,临川王义庆平西参军,皆不就。风姿端雅,容止可观,中书郎范述见而叹曰:"此荆楚仙人也。"衡阳王义季临荆州,发教以祈及刘凝之、师觉授不应征召,辟其三子。祈又征太子舍人,不起。时或赋诗,言不及世事。元嘉十七年,卒,时年四十二。

显而易见,这几位都是受过教育,具有相当高文化素养的。他们之所以如此,应该是某种文化价值观念从中起作用的结果。

梁代伍安贫的《武陵记》中有曰:

> 多淳孝,少宦情,常弹五弦之琴,以黄老自乐,有虞夏之遗风。

这一概括,无疑是上述诸人行为方式的极好阐发。

"黄老",在汉初曾是全国范围内具有广泛影响的学术思想流派。当时的三湘四水间还是一片黄茅白苇,当然寂然无闻。因而,此地之人"以黄老自乐",其渊源所自已不得而知。不过,此时此地的"黄老"颇有一些特色,那便是与其说它是一种学术思想,毋宁说它更是一种行动的指导。当地人不仅在思想上信奉,而且还将其身体力行。

这一点,可以说已经充分地表现了湖南人对学术的态度。从骨子里,湖南人都是天生的理想主义者,信奉的就会照着去做;反过来,如果不能照着去做,一般说来就不会信奉。

到了唐代,湖南士多隐逸的声名逐渐大著于世,而且地域也从此前的沅水流域而扩散至湘江流域。《博异志》中有诗云:

> 湘中老人读黄老,手援紫藟坐碧草。春至不知湘水深,日暮忘却巴陵道。

此诗流布很广,甚至托名为李白所作。从中确实可以感受到一股强烈的隐逸之风。

而唐代湘籍士人也大多飘然有遗世之态。上一章曾征引李群玉的资料,称其"散逸不乐应举","多狎酒徒",在此不赘。现在请看以"破天荒"著名的刘蜕的情形:

> 唐刘舍人蜕,桐庐人。早以文学应进士举,其先德戒之曰:"任汝进取,穷之与达不望于汝,吾若没后,慎勿祭

祀。"乃乘扁舟以渔钓自娱，竟不知其所适。（不审是隐者，为复是渔师，莫晓其端倪也。）紫微历登华贯，出典商于，霜露之思于是乎止。临终亦戒其子如先考之命。蜀礼部尚书纂即其息也，尝与同列言之。（《北梦琐言》卷3）

由此我们大体可以理解，何以以刘蜕那样的出身，竟未能在文化上留下相称的建树。

但此时也出现了另一种隐逸：

> 长沙日试万言王璘，辞学富赡，非积学所致。崔詹事廉问，特表荐之于朝……至京师，时路庶人方当钧轴，遣一介召之。璘意在沽激，曰："请俟见帝。"岩闻之大怒，亟命奏废万言科。璘杖策而归，放旷于杯酒间，虽屠沽无间然矣。（《唐摭言》卷11）

此文中"放旷"为"沽激"所致已至为明显。在此笔者想指出的是，这一结果其实也反映了沅湘间的文化传统。正如清人桂馥所阐发的："遇则风云，不遇则泥途。"在主人公心目中，能接受的显然只有这两种结果。

如果不能接受"放旷"的结果，完全可以设法避免这一结果的出现。但是，湖南人心气高，不接受过程中那些磕磕绊绊的不爽快，即使完全不实现个人目标也在所不惜。就这一意义而言，未始不能说他们的地域性格中天生有一种隐逸的倾向，至少是不惧怕"隐逸"的发生。

当然,人生"不如意事常八九",既如此,湖南人实现其个人目标的概率偏低也就是不可避免的事了。

本来没什么,可是,中唐以后有些人将湖南的地域文化水平也与"隐逸"的文化倾向联系起来。始作俑者是韩愈,他在《送廖道士序》中写道:

> 衡山之神既灵,而郴之为州,又当中州清淑之气蜿蟺扶舆磅礴而郁积,其水土之所生,神气之所感……意必有魁奇忠信材德之民生其间,而吾又未见也。其无乃迷惑溺没于老佛之学而不出耶?

这一分寸应该讲还是恰当的。韩愈在逻辑上将廖道士作为本应出现的"魁奇忠信材德之民",又在事实上将其作为"迷惑溺没于老佛之学而不出"的隐逸者,无疑有其历史和现实的种种背景。

不期然自此而后,竟然有人动不动以此作为文化落后的借口。宋代有人到郴州主持考试,便将场中甚陋的现象也归因于此:

> 其郁积之气尚未发见,岂其抱材隐而不出者耶?(《卢溪文集》卷36)

毫无疑问,这其实已经全无凭据,不过未便明言文化水平低下而已。

湖湘学派

宋代在湖南历史上实在具有特别意义。

就开发而言，湖南经过了南朝的倒退，至此重新启动。而反映到文化上，湖南不仅在北宋出现了著名的大学者周敦颐，而且在南宋还形成了一个在当时颇为著名，对后世影响深远的湖湘学派。

"爱莲居士"周敦颐在宋代学术史上具有异乎寻常的重要地位。宋代的学术主流为理学，其流派旧分为濂、洛、关、闽。"濂"即指周敦颐，居濂溪；"洛"指洛阳人二程兄弟（程颢、程颐）；"关"为关中人张载；"闽"指理学集大成者，侨居建州的朱熹。其中，濂溪具有开山祖的地位。

周敦颐为道州营道（今道县）人，代表著作有《太极图说》《通书》。《通书》为其晚年所作，在书中，他提出了一个以"诚"为本位的理论体系，创造了作为理学思想体系核心的心性论。

南宋湖湘学派的学者胡宏曾在《通书》的序中写道：

> 程明道先生尝谓门弟子曰："昔受学于周子，令寻仲尼、颜子所乐者何事。"而明道先生自再见周子，吟风弄月以归。

> 道学之士皆谓程颢氏续孟子不传之学，则周子岂特为种、穆之学而止者哉？粤若稽古，孔子述三五之道，立百王经世之法；孟轲氏辟杨、墨，推明孔子之泽，以为万世不斩；人谓孟氏功不在禹下。今周子启程氏兄弟，以不传之妙，一回万古之光明，如日丽天，将为百世之利泽，如水行地，其功盖在孔孟之间矣！

当然，这一评论已不仅是胡氏的个人观点，它得到了学界的广泛认同。

但如此一位令乡邦为之骄傲的"道学宗主"，其主要学术活动乃至于学术思想的形成都是在外地；其在当时也没有足够的社会地位和学术影响。南宋张栻认为：

> 惟先生仕不大显于时，其泽不得究施。然世之学者考论师友渊源，以孔孟之遗意复明于千载之下，实自先生发其端。

实际上，"世之学者考论师友渊源"，正是张栻当时的事。濂溪学术地位的提升，在很大程度上得益于湖湘学者不遗余力的推崇。

湖湘学派是南宋形成的一个在当时较有影响的理学学派。南宋理学家真德秀曾叙述其学术渊源道：

> 二程之学，龟山（杨时）得之，而南传之豫章罗氏（罗

从彦），罗氏传之延平李氏（李桐），李氏传之朱氏（朱熹），此其一派也；上蔡（谢良佐）传之武夷胡氏（胡安国），胡氏传其子五峰（胡宏），五峰传之南轩张氏（张栻），此又一派也。

其中前一派，即所谓"闽学"；而后一派，由于主要活动于衡山、长沙一带，当时被称为"湖湘学者""湖南一派""湖南学"，到黄宗羲编《宋元学案》时，将其称为"湖湘学派"。

湖湘学派的开创者胡安国（1074—1138），建州崇安人，南宋初年隐居衡山之麓（今湘潭碧泉），创办碧泉书堂，著书讲学。其代表作为《春秋传》。《大元一统志》称长沙府：

> 渐被胡文定《春秋》之学而士习好文。

该书便是在此地完成的。

胡安国去世后，其次子胡宏（1106—1162）继承其衣钵，继续隐居衡山讲学，人称五峰先生。其代表作《知言》，奠定了湖湘学派的基本思想架构。

五峰高弟张栻（1133—1180），字敬夫，号南轩，汉州绵竹（今四川广汉）人，抗金名将张浚之子。乾道元年（1165）主持岳麓书院，并在长沙妙高峰下创办城南书院，从此，湖湘学派的重心由衡山一带转移至长沙。

乾道三年（1167），岳麓书院发生了中国学术史上划时代的一个事件。理学巨子朱熹特地从福建崇安来到长沙，与张栻进行了历时两个月的学术讨论，史称"朱张会讲"。这是中国学术史上第一次严格意义上的学术交流。《朱子语类》中有评论说：

> 湖南一派，譬如灯火要明，只管挑，不添油，便明得也即不好。

表明朱子对湖湘学派是有个人看法的。在会讲中，朱子本人也颇有收获，《朱子语类》中有"旧在湖南理会乾坤"之语。这种现代意义上的学术访问，在此前的学术史上尚未发生过。

清代学者全祖望曾有一番论说：

> 厚斋（王应麟）谓岳麓、白鹿以张宣公（栻）、朱子（熹）而盛，而东莱（吕祖谦）之丽泽、陆氏（九渊）之象山并起齐名，四家之徒遍天下，则又南宋之四大书院也。

由此不难想见岳麓书院在当时学术界的地位。

张栻之后，湖湘学派虽然仍在传承，但由于缺乏重量级人物，其学术地位日益下降。

上述三位代表人物，都不是湖南土生土长的，但他们的弟子却主要是湖南人。《宋元学案》所载有56人，除1人出于沅水上游的靖州外，其余55人全部出于湘水流域。后者又集中于湘水中下游，上游只分布于干流一线。以州而言，潭州（治长沙）为最（36人），岳州次之（12人），永州又次之（5人）。以县而言，则衡山（17人）、平江（10人）、长沙（8人）较为突出。

湖湘学派的学术特色，朱子在刚到岳麓半个月便写信给友人发表观感：

> 岳麓学者渐多，其间亦有气质醇粹、志趣确实者，只是未知方向，往往骋空言而远实理。告语之责，敬夫不可辞也。

所谓"骋空言而远实理"，显然是朱子认为的湖湘学者的弊病。然而就湖湘学者本身，他们对此并不认同。

张栻有两段颇能表现湖湘学派价值取向的议论：

> 国朝之学，视汉唐为盛，郡县皆得置学。郡有教授以掌治之，部刺史守令佐又得兼领其事，亦既重矣。而士之居焉者，大抵操笔习为文辞，以求应有司之程耳。嗟乎！是岂国家所望于多士之意哉？（《郴州学记》）

> 近岁以来，学者又失其旨，曰"吾惟求所谓知而已"，而于躬行，则忽焉。故其所知特出于臆度之见，而无以有诸其躬，识者盖忧之。此特未知致知力行互相发之故也。（《论语说·序》）

从中不难看到，湖湘学者是绝不会承认"骋空言而远实理"的指责的。在他们看来，舍"躬行"而"求所谓知"，已是一种"骋空言而远实理"；而"操笔习为文辞"，也是一种"骋空言而远实理"。就是说，他们认为，为学的要义在于"躬行"。

身体而力行，这是湖湘人为学的一贯作风。

既强调力行，便对纯学术探讨并不太在意。如果从学术层面进行批评，这样的学问确实未免"骋空言而远实理"。然而反过来从另一个角度看，为学的目的在于实践，如果只在纸面上进行探讨，任你如何精致仍终归是"骋空言而远实理"。

这便是湖湘学者的自我认同与他人观感之间的差别。

湖湘学派的形成在宋末收到了实效。元兵入境时，秉《春秋》大义的湖南人拼死抵抗，内中以读书人为烈。

《宋史·忠义传》中列有李芾、尹谷二传。李芾为衡州人，移民后裔；尹谷为长沙人，"性刚直庄厉，初处郡学，士友皆严惮之"。《尹谷传》中有一段很值得注意的记载：

> 初，潭士以居学肄业为重，州学生月试积分高等，升湘西岳麓书院生，又积分高等，升岳麓精舍生，潭人号为"三学生"。兵兴时，三学生聚居州学，犹不废业。谷死，诸生数百人往哭之，城破，多感激死义者。

在这里，我们仿佛看到了数百年后湖南书生带领子弟在战场

上浴血奋战的影子。《大元一统志》讲长沙府风俗,在上述"渐被胡文定《春秋》之学而士习好文"之后还有一句:

> 向慕谭世勣忠节之风而乡俗尚义。

这种乡俗的形成未始不与湖湘学的流行互为表里。

习于辞赋

湖湘士子在宋末的表现对湖南其实挺伤的。此后相当长一段时间内,湖南没能再次形成南宋那样一种讲学、研究的学术氛围,这不能不说与潭州三学生在元兵来临之际"多感激死义者"颇有关系。

那么湖湘学派寂寞之后,湖湘士子在努力些什么?

史料表明,他们一直浸淫在辞赋里。

作为一种地域文化特征,对辞赋的偏好在楚地可以说具有十分悠久的历史传统,早在《史记·货殖列传》中便有记载:"南楚好辞。"

按说湖南地属南楚,应该很早就具有这一文化特征,但在唐以前,相关的资料都出现在湖北。如《列仙传》中著名的郑交甫遇仙女的故事,其中有"此间之人皆习于辞"一语,具体地点即在汉江。

称湖南也习于辞赋的资料始见于唐代。《唐语林》中有这么一条记载：

> 衡山五峰，曰紫盖、云密、祝融、天柱、石廪。下人多文词，至于樵夫往往能言诗。尝有广州幕府夜闻舟中吟曰："野鹊滩西一桿孤，月光遥接洞庭湖。堪憎回雁峰前过，望断家山一字无。"问之，乃其所作也。

这段文字无论其立论的角度还是出示的证据都十分高明。一个旅客在夜泊的舟中听到吟诗，当然是纯粹的随机事件；既然随便一个舟子可以如此，其"下人多文词"可想而知；而既然"下人"已经如此，那么当地的文化氛围呢？

五代时马楚割据湖南，当地的辞赋气氛得到空前高涨。史载：

> 时湖南幕府中能诗者有如徐东野、廖凝、刘昭禹之徒，莫不声名籍甚。（《五代史补》卷3）

宋朝末年，湖南的辞赋在全国还颇占有重要地位。《宋史·尹谷传》载：

> 宋以词赋取士，季年，惟闽、浙赋擅四方，谷与同郡邢天荣、董景舒、欧阳逢泰诸人为赋，体裁务为典雅，每一篇出，士争学之，由是湘赋与闽、浙颉颃。

这里面有一个问题：湖南之人习于辞赋，但其辞赋在宋末以前并不出色，这两者之间是否矛盾？

笔者认为，这两者之间并不存在矛盾。一个人的兴趣爱好是一回事，做事的水平如何又是另一回事。就湖南的辞赋来说，虽然长期在全国并不占有重要地位，但这并不妨碍湖南人对辞赋的爱好。宋末以前如此，宋代以降同样如此。

元代有人称：

> 余闻沅澧之间，其士夫善骚雅。（杨翮《送王照磨迁湖北序》）

所谓"骚"当然是正宗的辞赋，俨然先秦楚国气氛。而这并不是文人的虚拟，湖湘间一时风会确实如此：

> 潭学素号多士，志于殖学艺文，不委流俗，笃好古道者，莫不踶跂振跃，操觚挈牍，咀英花，漱芳润，以求理义之指归，辞章之统绪。（《元文类》卷37）

这段文字还只是单方面的描写，因而不是最有说服力的，请看下面一条史料：

> 元统初（1333），时宰请罢贡举。已而诏复行之，乃命中外作兴学校，以经术造士，行省提学皆慎其选。公是以有

湖广提举之命。湖湘之间士尚文辞，公申严课试经训，远近知劝。（苏天爵《滋溪文稿》卷13）

当然，这段文字也有它的问题：它是出现在私人传记中的，因而其效果难免有夸大之处。无论如何，经此验证，"湖湘之间士尚文辞"总该是没有问题的了。

也许可以说，唐宋以辞赋取士，湖湘间竞尚文辞无足深怪；元代科举改以经术为内容，而湖湘间仍尚文辞，不过表明其风气闭塞、文化落后而已。

其实不尽然，明代茶陵诗派领袖李东阳曾为其乡邦发过一通感慨：

> 茶陵当胜国辞赋取士时，如陈志同之《天马》，及先提举之《黄河》，皆以赋擅场。其余取名第、称士林者踵相接。高皇帝一统之初，定经义式，实学士刘先生三吾所制，天下传之。山川之灵秀，固巍然殊也。百余年来，师不倚席，士不废业，而功效不昔，若至是尤极，亦孰使然哉！夫有此天地，即有此山川，岂其限一郭郭间，而隆替顿异？又有识者所未题也。（《修复茶陵州学记》）

这确实是一个饶有意思的话题。李东阳讲的都是事实。值得指出的是"定经义式"的刘三吾本身也是茶陵人，然而偏偏茶陵人定的经义式让后来的茶陵人大伤脑筋。"百余年来，师不倚席，士不废业",结果却"功效不昔",除了说明个人的兴趣有偏向,即辞赋与楚人习性相近而经义与其相远,其他还能说明什么呢?

早在明初,宋濂曾有一段感同身受的体认:

> 往时湖湘间材士大夫多以辞赋称,若江夏詹先生同文其一也。盖同文襟韵潇洒,济以宏博之学,故体物浏涟,铿铿作金石声。(《詹学士文集序》)

由此不难看出,古人的感受跟我们差不多:辞赋的关键功夫在于"襟韵潇洒",而"宏博之学"实居次要地位。想必这就是所谓"诗有别才,非关学也"吧!因此对不同性情的人来说,有些人喜欢辞赋,有些人喜欢博学,这确实是无法强同的事。

当然,这并不表明笔者认为,湖南人对辞赋特别擅长。

事实上,在以辞赋取士的唐宋时代,湖南所出进士数量之少,已是无可讳言的事。宋初文莹到长沙后,对马楚天策府诸学士的文章很感兴趣,但是将声名最大的徐东野的诗找来一读,感到其实也不过如此:

> 浮脆轻艳,皆铅华妩媚,侑一时尊俎尔。(《玉壶清话》卷7)

而南宋湖南诗人乐雷发在"闽赋唐诗时擅声"的氛围中,更是很沉痛地感慨：

> 湘国诗盟今寂寞。（《雪矶丛稿》）

其实，照笔者看来，这一切都没有太大的关系。爱好是一种生活态度，不在乎一定要达到某种效果。如果愿意，尽可以去精益求精；而如果不愿意，只将它当作生活的一部分，其实也蛮好的。

船山遗老

明代的学术主流仍是继承宋元理学余绪，故清人谈学术动辄拿明人的"空疏"说事。

但到明末，出现了三个大儒：黄宗羲、顾炎武、王夫之。

黄宗羲（1610—1695），浙东人，他和他的弟子们形成了一个浙东学派，对有清一代史学影响甚巨。顾炎武（1613—1682），江苏昆山人，他主要是个经学家，由经而入史，开清代考据学派的先河。王夫之（1619—1692），字而农，号姜斋，湖南衡阳人；因晚年隐居石船山，人称船山先生；他的贡献主要在哲学。

从当时的社会影响来说，王船山与黄宗羲、顾炎武当然不能相比。他一直生活在穷乡僻壤，社会交往不广，弟子中也缺乏卓荦人物。但他的思想却最深邃。钱穆在其《中国近三百年学术史》中曾有过一番比较：

> 明末诸老,其在江南,究心理学者,浙有梨洲,湘有船山,皆卓然为大家。然梨洲贡献在《学案》,而自所创获者并不大。船山则理趣甚深,持论甚卓。不徒近三百年所未有,即列之宋、明诸儒,其博大闳括,幽微精警,盖无多让。

这番话应该讲是很有见地的。

侯外庐甚至认为:"他的思想,蕴含了中国学术史的全部传统。"

如果把他放在湖湘文化发展的脉络中,王夫之具有十分特殊而重要的地位。他的作用是承先启后,上承南宋湖湘学派的传统,历二百年后,对晚清湖南文化的发展产生了极为深远的历史影响。

王夫之年轻时曾在岳麓书院肄业。在那里,他受到湖湘学者著作的熏陶。他对胡安国、胡宏父子和张栻都非常服膺,在他的论著里不时有对这些先贤的赞扬之言。如,称赞胡安国的《春秋传》"诚当时之龟鉴",认为胡宏的言论是"能合颜、孟之学而一原者",赞叹张栻为"旷代不易见之大贤"。

但是,王夫之的95种著述在他生前都没有刊刻。因而,他的学术成就长期不为世人所知。当时只有刘献廷曾称赞其于学"无所不窥,于六经皆有发明"(《广阳杂记》)。虽然他去世后由儿子王敔整理印行了10余种著作,乾隆年间且被采进四库馆,但《船山自定稿》《夕堂永日绪论》等9种被列为禁书,仅6种属于名物训诂的考订著作被馆臣著录。

道光末年,《船山遗书》在长沙首次得以刊刻,此时距其去世已经150年。但校雠质量不高,且未刻者甚多。同治中兴后,曾国藩、曾国荃兄弟在南京重新刊刻《船山遗书》,虽仍未刻全,而自此船山著作开始大显于世。尤其对湖南的知识界产生了持续而深刻的影响。

不夸张地说,船山学说是近代以来一代又一代湖南知识分子的精神乳汁。

光绪二年(1876),郭嵩焘有上疏请以王夫之从祀文庙之举,虽经礼部驳议,但郭氏的言论颇有意思,颇可反映晚清湘人对王夫之的文化认同:

> 我朝经学昌明,远胜前代,而暗然自修,精深博大,罕有能及衡阳王夫之者……
> 臣在籍时,主讲城南书院,于宋儒张栻祠旁,为夫之建立私祠,率诸生习礼其中,群怀感激奋兴之意。

戊戌维新时,谭嗣同甚至认为:"五百年来,真通天人之故者,船山一人而已。"

1914年,湖南一些人且利用郭嵩焘为宣扬船山学术而创办的"思贤讲舍"旧址,组织了一个"船山学社",搜集船山著作,编辑《船山学报》,还筹办船山大学。后来毛泽东创办湖南自修大学,便利用了船山学社的地址与经费。

王船山著作丰富,其中最受推崇的有《周易外传》《尚书引义》《读四书大全说》《张子正蒙注》《思问录》《黄书》《噩梦》以及《宋论》《读通鉴论》等。他总结和发展了传统的理学思想体系,并且通过两条途径为近世湖湘文化提供源源不断的精神食粮:

其一是强烈的民族主义精神。他严守"华夷之辨",著作中充满了民族主义思想。这一思想,到清季时成为"反满扑满"乃至抵抗西方列强的有力理论工具。杨昌济曾阐发道:"船山一生卓绝之处,在于主张民族主义,以汉族之受制于外来之民族为深耻极痛,此是船山之大节,吾辈所当知也。"表明了船山学说对近现代湖湘文化所具有的意义。

其二产生的作用更早、更经常,那便是湖湘学脉中一以贯之的经世致用倾向。王船山提出了以"行"为本位的认识论,力主实行,为道咸以降的贺长龄、魏源、曾国藩、谭嗣同等一代代湖湘知识分子提供了取之不尽的思想营养。

道咸经世思潮

清代中前期近两百年,对湖南文化来说真是漫漫长夜。但从道光后期开始,湖南文化渐渐出现了蒸蒸日上的势头。

深藏在这一势头背后的,是一股汹涌澎湃的经世致用实学思潮。

最先映入世人眼帘的是任两江总督达9年之久的安化人陶澍（1779—1839）。他在中国最富庶的东南久任封疆大吏，由安徽巡抚而江苏巡抚，而两江总督。在江苏巡抚任上他筹划海运，自吴淞口达于天津，被魏源誉为"东南拯弊第一策"。在两江总督任上，他主持两淮盐政改革，创票盐法。东南局面为之一新。

陶澍的主张是：

> 有实学，斯有实行，斯有实用。

他不尚空谈、通经致用，并究心舆地之学。他的学行和事业为紧接着跟上的湖南人提供了巨大的精神激励，起到了"来吾道夫先路"的作用。

1837年，陶澍自江西回老家省墓，夜宿醴陵时，时主讲渌江书院的左宗棠在其下榻的馆舍上写下一副楹联：

> 春殿语从容，廿载家山，印心石在；
> 大江流日夜，八州子弟，翘首公归。

陶澍一见之下，大为激赏。

当然不仅仅是精神激励。

后来历任贵州巡抚、云贵总督的贺长龄（1785—1848），善化（今长沙）人，曾是陶澍下属；被誉为近代中国最早开眼看世界的人之一的邵阳魏源（1794—1857），曾在陶澍幕中长达14年；同治军兴后著名的楚军首领、湖北巡抚胡林翼（1812—1861），是陶澍女婿；而另一位著名楚军首领、上文提及的左宗棠（1812—1885），是陶澍的儿女亲家。

晚清张佩纶曾评价陶澍为道光以来的人物"第一"，"实黄河之昆仑、大江之岷也"。对湖湘文化研究卓有贡献的郑焱教授认为陶澍"是当时湖南经世派的领袖与核心"（《近代湖湘文化概论》）。

与陶澍一样对当时湖南的经世实学思潮起到推动作用的还有贺长龄、贺熙龄兄弟。贺长龄身居高位，曾请魏源编《皇朝经世文编》。该书影响很广，以至后来的各种续貂之作多达20余种。贺熙龄曾主讲长沙城南书院，对后来在咸同军兴中建功立业的人物左宗棠、罗泽南、刘蓉等人影响甚大。

在这一时期的湖南学者中，魏源是一个特别引人注目的人物。他少年时深受湖湘文化熏陶，弱冠后随父入京，又从刘逢禄学《公羊春秋》，成为当时今文经学的一个代表人物。30岁后到江苏，受当时在江苏任职的陶澍、林则徐、贺长龄等大吏的优礼，为陶澍筹划漕运、水利诸事务，撰写出《筹漕篇》《筹鹾篇》《筹河篇》等经世著作。编辑《皇朝经世文编》；还受林则徐之托，以《四洲志》为蓝本编成《海国图志》。

在《海国图志》的叙（序）中，林则徐提出"师夷之长技以制夷"。该书以世界地理知识为武器，为国人打开了一扇了解西方世界的窗户。可惜该书在国内流传不广。具有讽刺意味的是，该书迅速传到日本，对日本明治维新前后的社会思潮起到了强烈的刺激作用。

另一位值得一提的人物是严如熤（1759—1826），溆浦人。其年辈较魏源还略早，曾入湖南巡抚幕，撰成《苗防备览》；后奉命勘察川、陕、楚三省边防，撰有《三省边防备览》《三省山内风土杂识》等著作。这些著作当时都是为经世而作，至今仍是研究当时社会历史的重要资料。

这批人凋谢后，新兴的一拨更大的湘籍经世学者群体便是俗称的湘军集团领袖人物。

其中的巨擘当然是身后被谥为"文正"的曾国藩（1811—1872）。这一谥号可见他当时的学术地位及社会影响。

他身后有一副挽联写的是：

> 名士名将名相，备之一身……
> 立德立功立言，足于千古……

这样一个完人，难怪连毛泽东少时对他也钦佩不已。

历史不好假设，但在此仍不妨说，如果曾国藩不赶上太平军兴，凭他的学术造诣，也足以名垂青史。

曾国藩，湘乡人（今属双峰），1838年中进士。其为学"一宗宋儒"，极重道德操守；主张学术分为四门："义理""考据""辞章""经济"（以"义理"为先，而以"经济"为用）。这比起桐城派倡导的义理、考据、辞章的知识体系，更多了一份湖湘学风的鲜明特色。

早在其青年时代任京官时，曾国藩便以学行在京师士人中赢得了声誉。中年以后在行伍，戎马倥偬，仍不废研读，精进不已。

其祭旗出征的第一篇檄文《讨粤匪檄》，还是一篇义正词严的从名教纲常立论的文字。到后来任封疆大吏，为南天一柱，其幕府中聚集了当时中国最优秀的人物。其中有不少传统知识分子，更值得注意的是还有不少现代意义上的科学家、技术人员。曾国藩以湖湘学者特有的博大气象并包中西，兴办洋务，组织留学。应该说，他是切实推进中国社会走向现代化的一个重量级人物。

民国时期有人在报端发表评论说：

> 曾文正公即我国旧有教育理想与制度下所产生最良之果之一。故能才德俱备，文武兼资。有宗教家之信仰，而无其迷妄；有道德家之笃实，而无其迂腐；有艺术家之文采，而无其浮华；有哲学家之深思，而无其凿空；有科学家之条理，而无其支离；有政治家之手腕，而无其权诈；有军事家之韬略，而无其残忍。（郭斌和《曾文正公与中国文化》）

这一评价确实很高，但如果不故作貌似公允的冬烘之言，应该讲其实并不过分。

一心要与曾国藩比个高下的左宗棠，他在学术上当然也不甘落后。

1831年，左宗棠就读长沙城南书院，贺熙龄"诱以义理、经世之学，不专重制艺帖括"。在那里，左宗棠受到了典型的湖湘学者的教导。

数年后，他有机会接触陶澍，于是"留意农事，于农书探讨甚勤"。此后：

> 益屏弃词章之业，刻厉于学，以寡言、养静二端自课。为舆地图说，于山川、道里、疆域、沿革外，条列历代兵事。暇日就所居种桑千本，令家人饲蚕治丝。（《左文襄公年谱》卷1）

从这里，我们可以看到在传统的乡村环境中，一个崇尚实行的学问家所能做的一切。就理学家对自身的道德要求来说，左宗棠与曾国藩是一样的，但不同的是，曾不废辞章，而左对辞章很不屑。尽管就实用的层面来说，左的文笔一直也很出色。

左早年功名蹭蹬，他是料不到后来能够封侯封相的。于是他有一个很富个性的理想：要么为县令，要么为督抚。理由是，县令亲民，他可以为百姓具体地做一点实事；而督抚为政一方，拥有足够的权力，可以对地方有一些兴革。

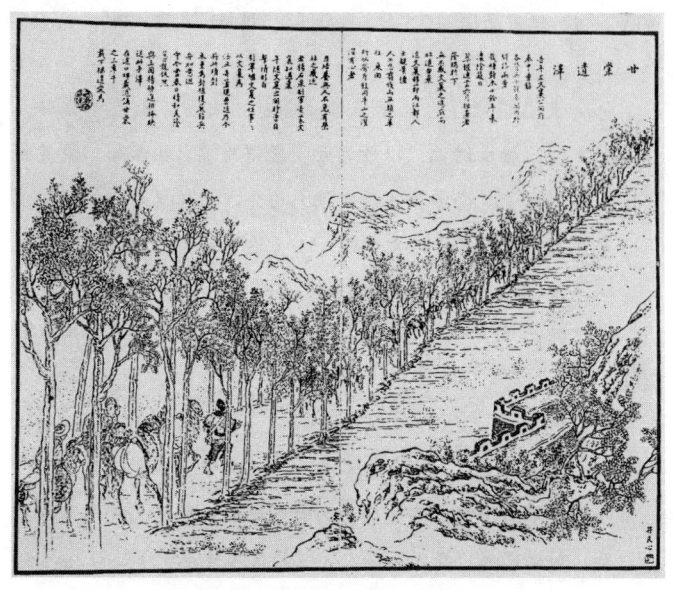

反映左宗棠收复新疆的画片（《点石斋画报》）

不言而喻，这一理想也是以经世致用的实学思潮为归依的。

于是，我们可以看到左宗棠在得志后的作为："湖湘弟子满天山"之后的屯田、筑城、"左公柳"，以及众多的新兴兵器工业，等等。

左宗棠寿年算长的。跟他一起与太平军相对抗、在湘楚军事集团中率先登上巡抚高位的胡林翼，因英年早逝，未尽其才。但其学术理想与曾、左毫无二致。

胡林翼，益阳人，出身书香门第。其父胡达源，字云阁，翰林院编修，官至詹事府少詹事。胡林翼曾自述其家学渊源云：

> 先宫詹之学，由宋五子上推孔孟之旨，尤严于公私义利之际，始于切近，以致远大。尝谓为学自蒙养始，故其教人必以朱子《小学》《近思录》为先。及林翼受书，则一以是为教，蚤夜督责，无少暇。（《箴言书院志》卷1）

这一陈述对其父学术趣向的把握应该是可信的。曾国藩也曾说过：

> 道光戊戌，通籍于朝。湘人官京师者，多同时辈流……而少詹事益阳胡云阁先生独为老师祭酒。乡之人就而考德稽疑，如幽得烛，众以无陨。（《箴言书院记》）

所谓物以类聚、人以群分，由曾国藩的这番追忆，可以推想当时那些在京师的湖湘学者互相以乡邦的学术传统相砥砺，既"考德"而又"稽疑"的动人情景。

胡林翼克绍箕裘，以翰林起家，任贵州道员未半载擢署湖北巡抚，在"无兵无饷""无官无幕"的尴尬情势中，逐渐恢复本境，且全力援剿邻省。曾国藩称其"综核之才冠绝一时，每于理财之中，暗寓察吏之法"。其作为对东南局势影响极大，到清末王闿运修《湘军志》时，甚至以为其功绩实在曾国藩之上。

与胡林翼同样"出师未捷身先死"的还有湘乡罗泽南。其为人为学最能体现数量占大多数的湖湘中下层知识分子艰苦卓绝、朴拙笃实的本色：

> 罗泽南，字仲岳，号罗山，湖南湘乡人。生嘉庆十二年丁卯（1808），卒咸丰六年丙辰（1856），年五十。
>
> 幼贫甚，十岁就外傅，其大父一布袍，亲为典质者六七次。年十九即训蒙糊口。丧其母，又丧其兄，旋丧王父，十年之中，兄嫂姐妹相继逝者十一人。尝以试罢徒步夜归，家人以岁饥不能具食。妻以连哭三子丧明。然益自刻厉，不忧门庭多故，而忧所学不能拔俗而入圣；不耻生事之艰，而耻无术以济天下也。
>
> 年逾三十，始补学官附生；逾四十，始补廪膳生，举孝廉方正。未几洪、杨兵起，以诸生从军，屡建大功。在军四岁，自江西回援武汉，卒于军。其后湘军将帅有名成功业者，大率其弟子也。（钱穆《中国近三百年学术史》）

笔者每次诵读此文，都不禁深深地为之感动。应该说，在潇湘间，此类人物比比皆是。

罗泽南的门弟子中，最知名的是王鑫。其人为湘军悍将，大有帅风，亦卒于军中。王鑫在军营中讲学不辍，"日教练各勇技击阵法，至夜则令读《孝经》《四书》，相与讲明大义"。去世后其战地广东连州、江西永丰均为之立王先生讲学堂。

值得指出的是，上述这些学者的学行，对近代湖南的民风乡

俗起到了不可忽视的引领作用。胡林翼曾在《抚鄂批牍》中写道:

> 湖南亦有怯士,湖北亦有勇士。因在民上者不知求将,致使湖北忽成弱国,湖北亦冤矣哉!推原其故,由湖北读书人不能如江(忠源)、如罗(泽南)、如李(续宾),而带勇者皆嗜利、浮薄、诈伪之士,未能如岷樵(江忠源)、罗山(罗泽南)、迪庵(李续宾)三先生之贞固干事,力开风气。此其过在本省士大夫。

显然,两省读书人的这种差异,与两个地域学风的差异是不无关系的。

还值得注意的是,近代湖南的知名人物,大多数有在岳麓书院肄业的经历。上述诸人中陶澍、贺长龄、贺熙龄、魏源、曾国藩、胡林翼都在岳麓书院学习过。一个文教机构对塑造一个地域文化品格的重要性有如此!

湖南派头

研究历史一般有两种方式,一种是以古证古,一种是以古证今。前一种可以表述为"复原式",后一种可以称为"回溯式"。

这两种方式各有优缺点。以古证古,可以复原历史的原貌,但复原出来的内容可能跟现实毫无关系。以古证今,能解释现实中某些现象的由来和发展，但对其发展过程中整个历史状况的理解可能未免片面。

也许有些志向远大的人会说：可以把两种方式结合起来。没错，理论上确实可以那样做，但如果真做起来，即便能把其中的任意一种做好，恐怕也不算容易了。

现在我们遇到了一个有点类似的难题：从上文的论述来看，湖南历史上的学问有个性、自成传统，这是没有疑义的；可是，对于这样一种学术传统，湖南人自身的认同和外人对它的评价，存在巨大落差。这，该如何理解？

主要是清代。

有清一代的学术主流是以治经学发端，从音韵、训诂而扩展到古籍整理、经史考证的考据学，或称乾嘉汉学。钱穆在《中国近三百年学术史》中曾有一个总结：

> 清儒考证之学，盛起于吴皖，而流行于全国，独湖湘之间被其风最稀。

这句话是很客观的。其实早在清季，湖湘学者自身便有清醒认识，郭嵩焘曾写道：

> 乾嘉之际，经师辈出，风动天下，而湖以南暗然，无知郑、许《说文》之学者。

郭氏的感觉有点复杂。一方面，他本人也是典型的湖湘学者，很推崇实学，讲究经世致用；但另一方面，他的话里似乎又隐含着一层批评，觉得湖南"无知郑、许《说文》之学者"是一种耻辱。

问题就在怎样看待这一现象。

从清代学术主流的角度出发，对湖南人的学问当然是瞧不上眼的。考据学如日中天时，王鸣盛在为元代欧阳玄《圭斋文集》所作的跋中说：

> 此公学本空疏，手笔肤庸……福位寿考无一不备，又享大名，世所共推，聊存以备一家可耳。

这一口吻实在令人难过。王鸣盛著有《十七史商榷》，很多人将该书与赵翼的《廿二史札记》、钱大昕的《廿二史考异》并列，号称清代三大考史著作；但实际上，王鸣盛的学问是十分肤浅平庸的。而且，据说其为人也相当差劲。将其与钱大昕等量齐观应该说是对钱大昕极大的不尊重。然而，就是这样一个所谓的学问家，竟然对"享大名、世所共推"的欧阳玄如此不恭。

王鸣盛的话中可能有两层含义，其一是作为自以为有学问的考据家对一个理学家所特有的骄傲，这可能是主要的；另一层，作为经济文化最发达地区出来的一个学者，浅薄地对穷乡僻壤出身的人持有一种鄙夷。这后一层不敢断定，但现实中类似的例子颇不少。因而，这一层意思也不敢说一定无。

到了清后期,曾国藩对此有一番感受:

> 自乾隆中叶以来,世有所谓汉学云者,起自一二博闻之士,稽核名物,颇拾先贤之遗而补其阙。久之,风气日敝,学者渐以非毁宋儒为能,至取孔孟书中心性仁义之字,一切变更旧训,以与朱子相攻难。附和者既不一察,而矫之者恶其恣睢,因并蔑其稽核之长而授人以诟病之柄,皆有识者所深悯也。(《汉阳刘君家传》)

这番话,很明显是有所激而然。曾国藩立论尚称公允,但对汉学末流的不屑已溢于言表。不用说,一定是崇尚汉学的某些末流对崇尚经世致用的理学家表现了不应有的轻狂之态,才使得一向追求平正中和的曾文正感到"深悯"。

再而后,到民国年间,类似的话语就可以了解得更明白了。湘中大儒、卓越的语言文字学家杨树达(1885—1956)在他的《积微居回忆录》中记载,民国时学者张孟劬曾对他评论:

> 湘中学者自为风气,魏默深(魏源)不免芜杂,王益吾(王先谦)未能尽除乡气。两君(杨树达、余嘉锡)造诣之美,不类湘学。

这段话很有意思。讲魏源"芜杂",当然是讲他的经学。上文曾讲过,在经学上魏源是今文学派,应该说,这绝对不是湘中的学问。可是，他"芜杂"，这只能说是他作为湘中学者而沾染到的风气。"芜杂"，如果翻译成当时的湖南话也许就是"气象博大""兼容并包"吧！

王先谦是清末湖南大儒，从经到史，都是淹贯博通的，可是居然被评为"乡气"。所谓"乡气"是什么？

《积微居回忆录》中还有一段更有意思的话，说话者是著名的钱玄同，其时则在20世纪20年代：

> 君治学语必有证，不如湖南前辈之所为；而做人则完全湖南风度也。劭西做人脱尽湖南气，而为文字喜作大言，全是湖南派头也。

这段话中的"君"当然指杨树达，而劭西则是黎锦熙的字。黎是湘潭人，也是一位著名的语言学家，研究国语罗马字的。这里面提出了两个概念，一是做人的"湖南风度"，二是做学问的"湖南派头"。依笔者现在的感受，前者应该指的是朴拙笃实，不玩噱头；而后者则是浅陋、芜杂，以至于胡搞、乱来。

应该承认，这种"派头"确实是存在的。笔者常常看到一些论著，根本不认识作者是谁，但一闻到字里行间的气味，便有一种似曾相识的感觉。有时甚至根本不须读文字，只要看一眼某人的论著目录，便可断定：非湘土不足以产此"大贤"。屡试不爽。

以上是从外人的角度观察。但反过来，如果站在传统湖湘学统的立场,这样一种学术取向其实也有它的理由:为学如果不经世致用,要学它作甚?

显然是本着这样一种价值取向,魏源既指斥汉学"饾饤",又讥讽宋学"陈腐":

> 工骚墨之士,以农桑为俗务,而不知俗学之病人更甚于俗吏;托虚玄之理,以政事为粗才,而不知腐儒之无用亦同于异端。彼钱谷簿书不可言学问矣,浮藻饾饤可为圣学乎?释老不可治天下矣,心性迂谈可治天下乎?(《默觚下·治篇一》)

而更奇的是,清末善化人孙鼎臣甚至"以粤寇之乱归狱汉学"。他认为:

> 天下之祸,始于士大夫学术之变。杨墨炽而诸侯横,老庄兴而氏戎入。今之言汉学者,战国之杨墨也,晋宋之老庄也。

表面看来,他这样讲并非全然没有道理:汉学只讲音韵训诂而不管人心道德,这样一种学问的流行,必然使得道德沦丧、人心不古。偏偏汉学大本营吴、皖两地在太平天国中遭殃最烈,而终归由宗宋儒的湖湘书生将其平定。言下之意,多亏还有湖南这样一块地域的存在,要不然,后果将更加不堪设想。

但这样一来,也就不是在谈学问而是在争意气了。

其实，用现代科学的眼光来看，以上两种观察角度并不矛盾，它们原本是一种互补的关系。湖湘学者崇尚的经世致用之学，用现代术语来表达就是应用研究；而对其加以讥讽、鄙夷的，则提倡的是基础研究，或曰纯学术研究。

由于古代缺乏严格意义上的现代科学，当时的纯学术研究基本上属于人文科学，而当时的应用研究则充其量只是应用基础研究。

毋庸讳言，应用研究在学术上与基础研究相比是有差距的。这很正常。但与此同时，要研究应用，就不能不考虑受众，于是道德、义理就不能不成为研究的重要内容。钱穆说：

> 治近世学术者，必谓考订、训诂为务实，道德、义理为蹈虚，是盖未之深思耳。

实在可谓平情之论。

传统湖南人从骨子里就有一股以天下为己任的豪气。既如此，青春作赋是丈夫情怀，皓首穷经便是雕虫小技，壮夫不为了。

1929年，杨树达痛感除余嘉锡外，"湘人居京者，无一真读书人"。而其时任清华大学历史系主任的邵阳人蒋廷黻（1895—1965），那么优秀的一个近代史学者，中国近代外交史研究的开风气者，数年后终于也放不下天下苍生，放下教鞭，步入宦途。

晚年蒋廷黻与故交、著名考古学家李济交谈，李济问他："照你看是创造历史给你精神上的快乐多，还是写历史给你精神上的快乐多？"蒋廷黻反问："现在是到底知道司马迁的人多，还是知道张骞的人多？"显然，他对创造历史更感兴趣且引以自豪。

当一个人身无半亩、心忧天下的时候，学术上是很难做到精致的。

抗战胜利前，湖南卓越的训诂学家曾运乾（1884—1945）病逝于辰溪。其好友杨树达在痛悼之余，对其在湖南学术史上的地位做了一番回顾：

> 湘士在有清一代大抵治宋儒之学，自唐陶山（仲冕）承其家学（父奂，曾有辨《伪古文》著述）；余存吾（廷灿）游宦京师，两君颇与戴东原之学接触。陶山之子镜海（鉴）仍折归宋学。乾嘉之际，汉学之盛如日中天，湘士无闻焉。道光间，邵阳魏氏治今文学，承其流者有湘潭、长沙二王氏（王闿运、王先谦），善化皮氏（皮锡瑞）。皮氏尤为卓绝。然今文学家，不曾由小学入；故湘中学者承东汉许、郑之绪以小学音韵、训诂入手而治经者，数百年（曾）星笠一人而已。

这段话要而不烦，但是忽略了一个重要事实：那便是道光年

间吴荣光在长沙设湘水校经堂,那里已经"群相矜以汉学"(李肖聃《湘学略》)。钱基博甚至认为从那以后:

> 汉学大盛,风流湘楚,人人骛通博以为名高,而耻言程朱。(《近百年湖南学风》)

这当然大大地言过其实。不过,长沙、湘潭二王与其像杨树达说的是承魏源之流,还不如说与这一环境更有关系。

但应该承认,这二王治学仍未脱湘中习气。

王先谦(1842—1918)从场面上看绝对是一副汉学家的模样。他于1865年中进士,曾授翰林院编修,任国子监祭酒、江苏学政;1889年回乡后先后主讲思贤讲舍、城南书院、岳麓书院。其治学重考据、校勘,尤以校勘见长,平生校刊古籍数十种,包括《汉书补注》《合注水经注》等重要典籍,人称"季清巨儒"。

然而其校勘水平,实在令人不敢恭维。杨树达曾批评:"王氏校书太失之机械,不能心知其意。"例如《汉书补注》,他便发现"所采周寿昌说谬误甚多"。周寿昌(约1814—1884)也是长沙人,著有《前汉书校补注》《后汉书校补注》,其学问当然是典型的湖南做派。

杨树达是"汉圣",《汉书补注》不能入他老人家法眼不足为奇。王先谦的《合校水经注》,梁启超在《中国近三百年学术史》

中也有类似的评价:

> 王益吾为全校本,以聚珍版(即戴本)及赵本为主,参以诸家,虽无新发明,而最便学者(王氏所著书大率如此)。

梁任公总算心存厚道,对其"无新发明"不甚在意,而只表扬其"最便学者"。应该说,这虽然不算经世,却也不失致用了吧。

至于王闿运(1833—1916),那是一个"纵横计不就,空留高咏满江山"的奇人。其人不为无才,但妄自尊大。其实他是不甘心老老实实做一介学者的。不得已而做学者,他也是不甘心做一个规行矩步的学者的。他总要表现他个人,标新立异,逞才露己。所作《湘军志》,被郭嵩焘认为"其颠倒功过是非,任意低昂,则犹文人习气"。而其治学路数,杨树达在读他人著作后顺带说过一句:

> 其妄相牵附,颇似王湘绮。

毋庸赘言,在学术上这个人还是典型的"湖南派头"。

等到湖南人在学术上真正卓有建树,已是到民国这批在学术上脱尽乡气的学者兴起之后。杨树达的语言文字学、余嘉锡的目录学成就,已为世所共仰。不幸未享高年,从而未逢1948年中研院院士选举的曾运乾,杨树达评价其为"一代宗师":

其《喻母古读考》，当世治音韵者奉为定论。张生清常去岁与余书，谓罗常培近著《音韵学》，赞星（笠）为钱竹汀后一人，非过誉也。

当然这里面也有个问题，这些人能够在学术上成佛作祖，也搭帮他们做人方面实实在在的"湖南风度"。

湖南人不信邪，只信自己苦干、硬干乃至蛮干。因而湖南人如果对学问真的有了兴趣，其勤苦往往非外地人可比。因是之故，湖南人往往可以不受正规教育而能成为大学者。

现代以来湖南籍的著名学者中，有很多人是根本没有像样学历的。像余嘉锡，就是靠读《四库全书总目》读成1948年中研院院士的。卓有建树的文献学大家张舜徽，也就是受到余嘉锡事迹的激励而自学成才的。还有沈从文，名满天下的大作家，当初从湘西跑到北京时，只受过小学教育；到后来环境不允许他创作了，他硬是转行成为一个服饰史研究专家。

其他地方也会有类似的例子吗？有，但肯定不会像湖南那样突出。

作为这一现象的副产品，如果一个湖南人没摸着路，那结果会很可悲。他也会找死地往前走，一身泥，一身水。而他本人肯定还自鸣得意，很有成就感。现实中这样的例子也颇不少。

湖南人不迷信权威，往往有奇思妙想。因而，如果具备了把某件事做好的能力，往往会做得特别出色。

我们随便可以发现湖南人做学问做得特别漂亮的例子。截断众流，单刀直入，一下子就能把人的痒处挠着。最突出的莫过于蒋廷黻的《中国近代史》。同类著作现在已数百种，可没有一种能像他那样，寥寥数万字，硬是把近代以来中国历史发展的脉络、关节讲得举重若轻，清清楚楚。

没有烦琐的考证，没有无谓的铺叙，有的只是把其他书翻烂都翻不到的真知灼见。

读这样的著作一般人只会有一种感觉：痛快！

而笔者还会多一番感慨："湖南派头。"

六

隔山不隔水

雾失楼台,月迷津渡。桃源望断无寻处。

可堪孤馆闭春寒,杜鹃声里斜阳暮。

驿寄梅花,鱼传尺素。砌成此恨无重数。

郴江幸自绕郴山,为谁流下潇湘去?

——〔宋〕秦观《踏莎行》

"方言楚俗讹"

古话说:"百里不同风,千里不同俗。"

在各种风俗中,如果要举出一种最重要的,恐怕要推方言了。

一方面,语言作为文化赖以发生、存在、传递、交流的媒介,它也是文化价值观念的贮藏仓库。

另一方面,它更构成人们文化认同的心理基础。唐代贺知章曾有句云"少小离家老大回,乡音无改鬓毛衰",久已昭彰在人耳目。明代公安派的袁中道亦有一联诗云:"见舫知来客,闻音辨远乡。"对个中感觉的表达都非常真切。

在现今各省的方言中,最令语言学家伤脑筋的大概莫过于湖南了。

乱。对其进行空间分区很不容易。

早在1935年,中央研究院的一批先生们便对湖南的方言进行过现代意义上的语言学调查。调查的材料被带到台湾,1974年才发表出来(杨时逢《湖南方言调查报告》)。著名的语言学家赵元任在序中感慨道:"一般人总觉着长沙话就是湖南话,其实全省的情形,即使少数非汉语不计之外,也有很多的花样。"

20世纪80年代中叶,相继出现了两个对湖南方言进行分区的方案。先是周振鹤、游汝杰的《湖南省方言区画及其历史背景》(《方言》1985年第4期),稍后又有鲍厚星、颜森的《湖南方言的分区》(《方言》1986年第4期)。这两个方案之间存在不小差异,之后又不断有新的意见发表出来。

当然已取得不少共识。湖南的现代汉语方言从类型上主要包括3种:湘语(湘方言)、赣语、官话(西南官话)。此外还有少量的客家话。而湘方言又分为若干片。

从空间上讲,赣客语(主要是赣语)分布在省境东部邻赣诸县,

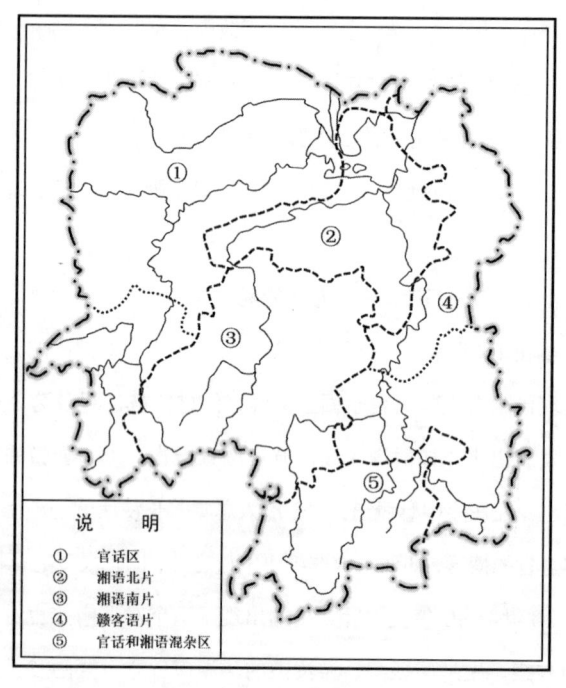

说　明
① 官话区
② 湘语北片
③ 湘语南片
④ 赣客语片
⑤ 官话和湘语混杂区

湖南方言分区图
(据周振鹤、游汝杰《湖南省方言区画及其历史背景》附图绘制)

从北到南呈带状延伸。官话主要分布在沅澧流域，同时湘水上游的永州、郴州一带也有分布。后者为官话和当地土语的混杂区。

湘语主要分布于湘、资二水流域。以往学术界将其分为以长沙为中心的湘语北片（新湘语）和以湘乡为中心的湘语南片（老湘语）。鲍厚星则认为它包括3片：长（沙）益（阳）片、娄（底）邵（阳）片、辰（溪）溆（浦）片。其中，前两片大体相当于以往所谓的新湘语、老湘语，而后者按照周振鹤、游汝杰两位先生的意见，也属于西南官话的范围。

分区的问题不妨留给语言学家去继续争论。在此我们且关注一下三湘四水间方言差异形成的时空过程。

早在汉代扬雄的《方言》中，就已经有"江湘之间"与"江沅之间""沅澧之间"的提法。前者大概指湘资流域，后者则指沅澧流域，表明湘资流域与沅澧流域的方言存在差异。而湘资流域中，又有"荆衡之郊"与"九疑湘潭之间"的不同，说明湘水上游与中下游不尽一致。到晋代郭璞《方言注》中，更是明确地标出了"长沙人""零陵人"两种方言概念。

唐宋以后，由于传世史料的增多，关于湖南方言的描写也日趋明朗，尽管在所有史料中，关于方言的特别稀少，而且它们的可信程度也参差不齐。

省境东部的赣语区，显而易见是赣籍移民大量迁入的结果。江西人迁居湖南，始于唐末五代，至明代而大盛。但在南宋的时候，赣语区似乎还没有形成。诗人刘克庄从江西一路走到醴陵，即景赋诗云："市上俚音多楚语。"（《醴陵客店》）说明两地的方言差异相当明显，要不然，作为福建人，他不可能形成如此突出的印象。

醴陵为湘赣交通孔道，此地既然还没有流行赣语，其他各县可想而知。

到了明代，赣语区才真正形成规模。同治《茶陵州志》称：

> 音声之异，州东类永新，西类安仁，南北与城中多汉语。

所谓"汉语"指官话。茶陵在南宋曾升为茶陵军，应该接受了不少北方移民，其"南北与城中"的汉语应该就是那些军事移民带来的。此地在现代的方言地图上已全属客家话，官话全无踪影。由此可见，当时湘东一带的赣语势力与现代相比尚有距离。

不过，永新是江西属县，安仁现在也说赣语，可见当时赣语区的局面已经出现。

湘水上游的官话与土语混杂区，其方言状况非常复杂。民国《宜章县志》对此描述得相当清楚：

> 民多汉语，亦有乡谈。军音类茶陵，商音类江西，新民音类福建。除土语外，其操官音者亦积久而讹，骤聆之不解为何字。

无疑,所谓"乡谈"即土语,其地域差异是非常明显的。

关键在于其官话由来,史籍中未有直接记载。笔者认为与宋、明时期屯戍于此的军户有关,从移民史的材料可以看到清楚的脉络。宜章军音类茶陵,茶陵的情形上文已述过,除了赣语即是"汉语",宜章的资料既能辨别江西音,则其"类茶陵"的军音必非赣语,而应该是"汉语"。

邻近的永州有一条材料更加明确,道光《永州府志》引《旧志》云:

> 州县各有乡谈,听之绵蛮,侪偶相谓如流水,男妇老幼习用之,反以官话为佶屈。惟世家子弟与卫所屯丁则语言清楚,不类鴂舌。

其中至少可说明一点:使用官话较早的是世家子弟与卫所屯丁。世家子弟数量不可能很多,如系土著世家则其官话更是从风而化;而卫所屯丁则为数甚众,以至于南宋以后整个湘南所接纳的移民都是以此为主。由此不难看出此地官话流行的真正原因。

沅澧流域的官话也与此类似。

沅澧下游、洞庭湖西岸这一片地区的官话源头,可追溯到东晋初年的永嘉南渡。唐代中叶再度接受一定数量的北方移民,其官话苗头应该已经出现。但当地官话局面的形成,也经过了相当长的时间。刘禹锡唐后期在武陵(今常德)谪居,痛感当地"华言罕闻"。宋代赵蕃在《呈赵常德》中仍有"蛮语初未学,崄绝闻人说"之慨。

至于沅水中上游,笔者认为如同湘江上游一样,其官话局面的形成也在宋、明的军事移民进入以后。

明人薛瑄在沅州(今芷江)有诗句云:"溪峒人家犹异俗,市廛儿女带华声。"说明官话是由州治向属县依次产生影响的。他还因为"过沅州见故乡父老从戎者"而感慨地写道:

> 边城父老旧乡邻,弭节从容问所因。绿鬓已应辞故里,白头犹解识先人。衣衫尚有唐风旧,童稚皆传楚语新……

显然,这位老军讲的是官话;他的童稚辈应该也能讲,但已经带上了明显的"楚语"即湘方言特征。这充分地表明,此地使用官话较早的也是戍卒,与上述湘水上游的情形如出一辙。

湘语处受到赣语、官话的两面夹击,其分布范围总体上逐步缩小。但在清末,它向洞庭湖北岸形成一波强势反弹。由长江入湖水流携带的泥沙淤成一大片三角洲,吸引了众多的省内移民,1895年设南洲厅,1913年改为南县。开始时五方杂处,百族新开,"各语其语,莫名其妙"(《南县乡土笔记》)。到后来便逐渐地"风俗益阳化":

> 侨居此者悉属岳、常、澧、衡、宝、长旧郡之人,尤

以益阳原籍较多，故其俗习，由复杂而至于整个，由局部而进于同化。(《南县志备忘录》)

既如此，其方言便逐渐以新湘语占主导地位，从而导致了新湘语分布的明显扩展。

"欸乃一声山水绿"

方言与民歌具有相当密切的关系。

湖南历史上的民歌，最早闻名的是湘江流域的渔歌。晋代《湘中记》载：

> 今故老犹弹五弦琴，好为渔父吟。

所谓五弦琴如今已不知其形制，而"渔父吟"则显然应该是渔夫所唱的歌曲。

到了唐代，湘江流域的渔歌越发著名。以其有特殊发语词"欸乃"而被称为"欸乃曲"，主要流行于上游潇水流域。柳宗元尝赋《渔翁》诗云：

> 渔翁夜傍西岩宿，晓汲清湘燃楚竹。烟销日出不见人，欸乃一声山水绿。回看天际下中流，岩上无心云相逐。

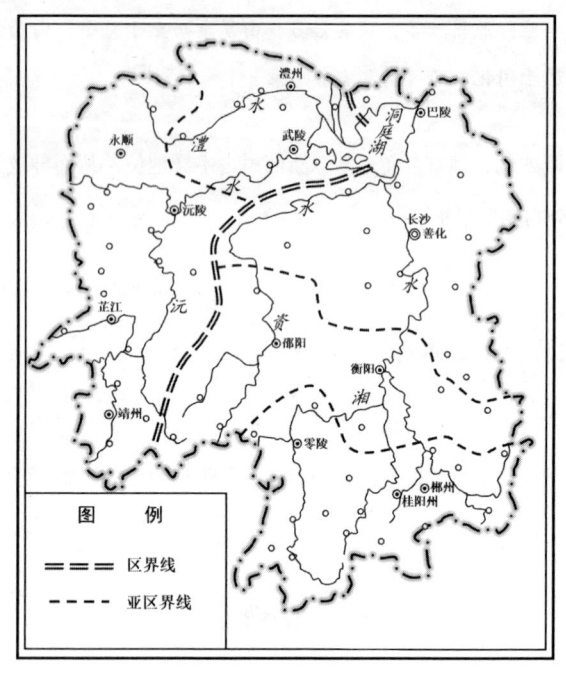

湖南民歌分区图

这首诗的意境非常美。相信很多人就是通过这首诗而得知"欸乃"之名的。

其实早在此前,"欸乃曲"已经进入文人的视野。大历丁未年(767),诗人元结为道州刺史,就因在江上"逢春水,舟行不进",而创作了《欸乃曲五首》,"令舟子唱之":

> 偶存名迹在人间,顺俗与时未安闲。来谒大官兼问政,

214

扁舟却入九疑山。

　　湘江二月春水平，满月和风宜夜行。唱桡欲过平阳戍，守吏相呼问姓名。

　　千里枫林烟雨深，无朝无暮有猿吟。停桡静听曲中意，好是云山韶濩音。

　　零陵郡北湘水东，浯溪形胜满湘中。溪口石颠堪自逸，谁能相伴作渔翁。

　　下泷船似入深渊，上泷船似欲升天。泷南始到九疑郡，应绝高人乘兴船。

这几首歌的内容都颇为闲适，元结自序亦称"盖以取适于道路云"。应该是在江阔水深的环境中唱的。

既如此，其节奏应该是自由、舒缓的，不会太激越。曲调应该较为悠扬。

而且，在外地人听来，这种民歌很容易被理解为包含着一种愁怨的情绪。元结另有三首《系乐府》中的《欸乃曲》，云：

　　谁能听欸乃，欸乃感人情。不恨湘波深，不怨湘水清。
　　所嗟岂敢道，空羡江月明。昔闻扣断舟，引钓歌此声。
　　始歌悲风起，歌竟愁云生。遗曲今何在，逸为渔父行。

笔者感觉，这种情绪很可能是由当地独特的自然环境所致。在"湘波深""湘水清""江月明"这样空寂的旷野中，缓缓地歌上一首,是很难不让人从灵魂深处莫名地生出一种悲哀来的。除非听者对于音乐、对于人生毫无感悟。

实际上,作为一种发语词,"欸乃"并非只用于渔歌。《舆地纪胜》述永州风土云:

> 竞船举棹则有"些"声,樵夫野老之歌则有"欸乃"声。

显然,"欸乃"应该与"些"一样,都是与古代楚语相关的较有特色的方言词。既如此,"欸乃"当然并非专用于渔歌。黄庭坚说:"欸乃,乃湖南歌也。"即以其作为民歌的一种地域类型,而不是当作某个歌种的标志。

当然,就事实而言,当时湘中的民歌大概以渔歌较为发达,而其他场合的民歌较少。唐人所记的"欸乃歌"除渔歌之外,仅刘言史有诗云:

> 夷女采山蕉,缉纱浸江水。野花满髻妆粉红,闲歌暧乃深峡里。暧乃知从何处生?当年泣舜断肠声。

这些夷女劳动时唱的歌曲显然与渔歌有所不同。明人杨慎注曰:"暧乃,楚人歌也。《元结集》作'欸乃',字不同而义一也。"这一理解是很通达的。

宋代的"欸乃歌"虽说上引资料称之可用于"樵夫野老",

但具体的事例仍以表现渔歌较多。刘克庄曾在旅途中观察到："蛮府参军鬓苍苍，自调欸乃答渔郎。"

自宋而后，不仅渔歌，整个湘中民歌中"欸乃"的记载都渐趋于沉寂。

"欸乃歌"之外，另一种与湖南关系密切的著名民歌是《竹枝》。

与"欸乃歌"类似，《竹枝》歌的出现也始于唐朝。而且，现存文人所作的《竹枝词》也都是七言四句，格调一律哀怨。

《新唐书·刘禹锡传》载：

> 斥朗州司马。州接夜郎诸夷，风俗陋甚，家喜巫鬼，每祠，歌《竹枝》，鼓吹裴回，其声伧佇。禹锡谓屈原居沅湘间作《九歌》，使楚人以迎送神，乃倚其声作《竹枝辞》十余篇。于是武陵夷俚悉歌之。

朗州治所在今常德。就《竹枝》歌的起源而言，这一记载并不确切。刘禹锡本人在《竹枝词引》中明确讲道："余来建平，里中儿联歌《竹枝》……故余亦作《竹枝》九篇，俾善歌者扬之。"建平为古地名，地在今湖北秭归一带。

但《竹枝》作为巴歈，它在当时的沅澧流域有所流传殆是事实。《新唐书》的资料已是一证。黄庭坚称："《竹枝》歌本出三巴，其流乃在湖湘耳。"可为另一证。

这一点实在是相当重要,它反映沅澧流域存在一些与巴人相同的文化特征。

《竹枝》歌的存续历史与"欸乃歌"相始终,宋代以后,它也突然间从史料中消失。明人何宇度《益部谈资》卷下有云:

> 《竹枝》歌,唐刘禹锡、白居易皆尝赋之,凄婉悲怨,苏长公云有楚人哀屈吊贾之遗声焉。《鹤林玉露》载宋时三峡长年犹能歌之,今则亡矣。

取而代之的,是另外一些歌种组合的出现。

明清时期,湘中民歌主要有山歌和采茶歌两种。晚清周寿昌在《思益堂日札》中说:

> 吾乡土歌有采茶歌、山歌两种……隐语双关,古心艳语,宛然汉魏遗言。

其中,山歌的资料始见于宋代。刘克庄《湘潭道中即事》有云:

> 傩鼓咚咚匝庙门,可怜楚俗至今存。屈原章句无人诵,别有山歌侑桂尊。

从"楚俗"一句看来,这种山歌显然带有强烈的地域特点,而且具有悠久的历史传承。

令人遗憾的是,此后关于湘中山歌的资料异常稀少,以至于其形式特点及流传状况很不清楚。

相对而言,采茶歌在资料中出现比山歌稍晚。其资料虽然也很有限,但总算比山歌资料略多。

这一歌种在宋代就已经兴起于其他地域,但在湘中,直到明代才见诸记载。王夫之《南岳摘茶词十首》之十有云:

> 沙弥新学唱皈依,板眼初清错字稀。贪听姨姨采茶曲,家鸡又逐野凫飞。

比之以野凫,可见其曲调和内容相当令人愉悦。

清初与王夫之有过交往的学者刘献廷也在《广阳杂记》中说:

> 旧春上元,在衡山县曾卧听采茶歌,赏其音调,而于辞句懵如也。今又□至衡山,于其土音虽不尽解,然十可三四领其意义,因之而叹古今相去不甚远,村妇稚子口中之歌,而有十五国之章法。

所谓"十五国"指《诗经》中的《国风》,其章法自不出上述周寿昌所谓"隐语双关,古心艳语"之外。

与此同时,沅澧流域的民歌状况却颇令人意外。按说,其发达程度绝不应亚于湘中,而资料却异常稀见。

早在唐代,沅澧下游的平原湖区便发育了一种与《竹枝》风格迥然不同的菱歌。戎昱《采莲曲》云:

> 涔阳女儿花满头,毵毵同泛木兰舟。秋风日暮南湖里,争唱菱歌不肯休。

所谓菱歌当然指采菱时唱的歌。花季少女竞相歌唱,其情绪显而易见是欢快活泼的。既如此,可想而知其咏唱的内容大概无非赏心乐事、儿女情长。

可是在宋代以后,不仅菱歌在沅水流域销声匿迹,其他的民歌歌种也踪影全无。

清初查慎行在常德写道:

> 《翎雀》弹来新调多,《竹枝》旧法定如何?居人不解边头曲,只唱西风菜叶歌。

所谓"西风菜叶歌"已不知究竟,其与"《竹枝》旧法"显然已经相去甚远。

由于所居近水,当地的渔歌也有所发育。田雯《武陵县》有句云:"酒旗半湿柳花口,渔唱一声牛鼻滩。"

考虑到当地悠久的民间音乐传统,这些在水面飘荡的歌声应该一直在持续。

以上依据的都是史料记载，其时代下限大抵在清代。那之后的情形，从现代调查材料《湖南民间歌曲集》中可以窥见。

民歌作为非物质文化遗产，它的发育有一个过程。现代调查所得的资料，至少可以反映清后期以来的状况。

总体而言，湖南现代的汉族民歌大体可以分为号子、山歌、小调、田歌、风俗歌曲等类型。其中又各包含若干小类，如号子有搬运、排筏、船工、打夯、石工、林木、矿工号子等；山歌有高腔、平腔、低腔（妇女）、放牛山歌，小调可以分为地方小调、丝弦小调、灯调（对子调）等。

其中最能反映地域差异的是山歌和田歌，尤其是田歌。

田歌在沅、澧二水流域特别发达。各地对它有不同的称呼。一般称"薅田鼓"，沅水中上游又称"茶山鼓"，酉、澧二水流域称"薅草锣鼓"或"挖土歌"。它是劳动号子与山歌的结合，以锣鼓或再加钹作为伴奏，用于山区集体劳动场合。

它的结构类似于组歌，分高腔、平腔两种。它常于劳动时演唱，借以鼓舞干劲，但不与劳动合拍，故与劳动号子有所不同。

相比之下，湘、资二水流域的田歌则逊色得多。郴州和零陵一带根本没出现田歌的概念。衡阳、长沙一带有田歌，但不过是"在田间劳动时唱的山歌"，其"特点与高腔山歌同"。涟源、岳阳的田歌稍为发达，出现了"一人领，众人和"的"领、和两个声部交替出现的演唱形式",其中"齐唱类似劳动号子的和腔",具有山歌与号子相结合的意味,但是与沅澧流域的田歌仍不能相比,一直没有发展到有伴奏的程度。

薅草锣鼓的起源不详。它在史料中出现很晚。同治《芷江县志》载:

> 树艺之后薅治不甚用力,农人连袂步于田中,以趾代锄,且行且拔,膝间击鼓为节,徐徐前却,用是芜草皆净尽焉。

这一资料虽然说到了"击鼓为节",但并没有明确提及那些"徐徐前却"的农人是否同时还唱着田歌。尽管这一情境十分有利于田歌的发生。

民国《慈利县志》载:

> 其假为娱乐,用以节宣劳力,喝于互奏,前邪后许,一唱递和,是为打鼓。四月农忙,薅草分秧,又或植树,采茶条桑。是利用众,击鼓其镗,桴落歌纵,慷慨激昂。搬演故事,贯珠引吭,琐琐琐琐,数如家常。歌声鼓声,乍抑倏扬,鼓奋力奋,厥进排墙。朝暾合作,到夕阳黄,田歌之乐,乐且未央。又可目之为劳力之鞭后。

如果将其与上引同治《芷江县志》的资料相对照,似乎可以推定,两条资料虽各有所侧重,但描写的其实是相同的劳动生活场景。既如此，这一田歌形式的兴起当在同治以前。

令人惊讶的是，薅草锣鼓这种民歌形式并非湖南沅澧流域所独有。它在西南各省分布相当广泛。湖北和四川都有薅草锣鼓。结合上述《竹枝》歌的流传状况看来，此地与西南地区共同的文化特征还不在少数。

当然，沅澧流域内部也存在着差异。尽管其田歌都很发达，但在沅水中上游，低腔山歌和放牛山歌不够发达，与沅水下游和澧水流域相映成趣。

这一差异应该比较容易理解。放牛山歌是农业较为发达的产物，沅水上游农业经济一直不如下游发达，不少地方长期刀耕火种，自然也就难以发育出放牛山歌。低腔山歌又名"哼歌子"，是妇女在室内轻声吟唱的民歌形式，它的出现是汉化程度较高的标志。沅水上游少数民族比例较高，那里的妇女可以在野外自由歌唱，故不需低腔山歌这一歌种。

湘、资二水流域的民歌也存在着地域差异。较有意思的是民歌的句式。

湖南民歌最特别的一种句式是七字句、五句体，俗称"五句头"。它最典型表现在湘江下游的长沙、岳阳一带，那里的民歌大多是五句头。湘水中游的衡阳及毗邻的资水中上游，即清代的衡阳、宝庆两府，五句头山歌也较多，但不占主要地位。再到湘江上游的郴州和永州，这一带五句头山歌比较少见，通常是四句头。

民歌何以有这种句式差异？现在还不能说得很清楚。笔者对此有一个推测：五句头很可能是与古代楚语有关的一种民歌句式，它留存的程度取决于各地文化的发展经历。

现今的湖南人大多是江西移民的后裔。移民带来原居地的文化，自然导致迁入地的文化经受一番冲洗。但各地文化水准不同，其耐受洗刷的程度也颇有差异。在新湘语地区，自来它便是湘江流域经济文化中心所在，故移民进入的数量虽多，而当地原有文化的地位较高，移民要将其取而代之最为不易。职是之故，很可能是原来就有五句头民歌在这一带占压倒性多数。

老湘语地区，移民与土著的文化势力相对均衡，因而五句头民歌虽然也很多，但不占主要地位。

至于郴、永一带，移民的文化势力较之土著占很大优势。自宋以降，此地接受的移民相当多数是军事移民，那些人到来后负有镇摄地方、改造当地文化的使命。因而，当地方言发展的趋势是官话。既如此，五句头民歌在此地较为少见也就是顺理成章的事。

当然，这一解释不过是推测。历史终归是不能建立在推测的基础上的。具体原因究竟如何，还需将来继续努力探讨。

"箫鼓远来朝岳去"

很多地方都有朝山进香的习俗。对某座山岳的共同崇祀，反映了一种文化上的认同。

南岳进香是信士亲身到南岳衡山烧香许愿、还愿的行为，在湘江流域是一个很有特点的习俗。

这一习俗始于何时，已不得而知。南宋时戴复古在湖南旅次有诗咏道：

> 一棹无情度碧湘，行行不脱水云乡。旗亭少饮村醪薄，田舍新炊晚稻香。箫鼓远来朝岳去，包笼争出趁虚忙。涂人有愧黄居士，十载看经不下堂。

这首诗题为《湘中》，具体写作地点不明。以集中前后诗篇次第考之，当在今株洲一带。从"新炊晚稻"来看，节候在秋季。既有箫鼓相伴，朝岳者自是成群结队。而"远来"二字，表明并非当地百姓。可知当时朝岳一俗已在湘中盛行。

可惜这样的资料非常少见。即使朝山进香习俗异常发达，简直着迷得像发了疯似的明朝，类似的资料在南岳竟也阙如。

直到晚近的方志中才有些许记载。时代稍早的是嘉庆《浏阳县志》：

> 每岁七月，邑人往祷南岳者，斋宿戒行李，以八月朔

谒岳庙进香。又有沿途拈香且祝且拜,以三、五、七步为节,至庙方止者,谓之"烧拜香"。

稍后,道光《衡山县志》亦载:

八月初一日,衡人竞往南岳庙烧香。有沿路跪拜而往者,有至庙长跪两廊烬一烛始起者。祈禳之事,此为尤虔。

上述两地均以八月初一为重。但也有一些地方并不专重那一天。同治《宁乡县志》载其八月风俗云:

是月人多谒南岳神,曰进香南岳。红布抹额,三步一叩头、五步一叩头,号佛之声载道,曰"朝拜香"。

光绪《邵阳县志》对日期的叙述更为具体:

八月朔至望,多诣岳、平顶及佘湖山、白云岩供佛。

所谓"岳"当然指南岳。

以上资料都呈点状分布。从中无法看到南岳进香习俗更多的风貌。

好在还有一些伴生的习俗。由于长途进香大多是成群结队,旅途乏味,于是每每要唱进香歌。据此可以观察到朝香习俗更多的侧面。

唱进香歌的习俗显然也由来已久。晚清宁乡人黄本骥在南岳有诗云:"牧竖骑牛云际出,山腔演唱进香歌。"所谓"山腔",大概指用山歌腔调之意。

根据《湖南民间歌曲集》的资料,朝香歌的分布地域有:

长沙市:"朝拜歌又称'嚎福'",是"解放前因祈求消灾免祸或还愿而去(南岳)朝香时所唱的一种曲调"。

湘潭市:"朝南岳时唱的拜香歌、扶香歌……就是人们渴望圣帝保佑,去南岳路上以及上山、下山唱的朝拜歌。"

株洲市:"拜香调,解放前,善男信女还愿(亦称还香)时请歌手(扶香者)所唱的歌……贯穿从出发地到目的地(如南岳大庙)的始终,由一、二支唢呐随腔伴奏。假若不请扶香者,由还愿者本人唱,则用跑香调。"

郴州地区:风俗歌曲中有烧拜香歌。

邵阳市:风俗歌曲中有朝圣歌,盖以南岳神号司天圣帝而名。

邵阳地区:"洞口的南岳歌是人们(一般为老年人)朝南岳求香时所唱。"

涟源地区:"拜香歌,旧社会每年秋收后村里的农民成群结队到衡山县南岳山上,烧香拜佛还愿……往往由一人起腔,大家齐唱。"

以上依据的是各地区的概述。若以实际收集记录的进香歌而言，其分布的范围则包括：长沙县、望城县、湘潭县、湘潭市、株洲市、衡阳市、衡山县、衡南县、常宁县、汨罗县、娄底镇、邵阳县、洞口县、隆回县、新化县。

从中不难看到，朝香的习俗主要分布于湘、资二水流域，尤其中游地区最为发达。按清代的政区，长沙、衡州、宝庆三府的朝香歌最为丰富。

当然，没有朝香歌的地方并不等于就没有朝香习俗，如浏阳县存在朝香习俗而无朝香歌，便是一证。又，笔者所知安仁、桂阳等县也都有朝香习俗，这些地方也未见于上述记载。但是，认为朝香歌分布的地区乃是朝岳习俗比较发达的所在，这应该没有问题。

上述分布可以找到文献的印证。黄本骥说："湘俗秋后男女杂沓赴岳进香。"这里的"湘"应该是指湘水流域。民国时期的《湖南民情风俗报告书》在讲到"朝拜"时也说"近省各属以朝南岳者为多"，而与此相对的是："临湘朝大云山，慈利、安福朝五雷山、太浮山，武陵、龙阳朝五雷山、西竺山。"

由此不难看出，南岳朝香是以湘资流域为主要分布地域的一种信仰习俗。

"祖每尊盘瓠，祠皆祀伏波"

与南岳朝香相映成趣的是，沅澧流域的典型信仰习俗是崇祀马援和竹王三郎。

对于马援的崇祀，起源于马援征五溪。沅水流域乃五溪故地，澧水流域与其壤地相接，虽然马援在那场战争中大败身亡，但当时居民对他的敬畏，却深深地铭刻在集体记忆中，世代相承，成为五溪故地的特征信仰之一。

早在唐代，沅水下游的朗州便已有崇祀马援的记载。刘禹锡在此地所作《经伏波神祠》诗有句云：

> 蒙蒙篁竹下，有路上壶头……怀人敬遗像，阅世指东流。

北宋时，范致明亦在《岳阳风土记》中记载：

> 马援征诸溪蛮，病死壶头山。民思之，所到处祠庙具存。至今妇人皆用方素蒙首，屈两角系脑后，云为伏波将军持服。鼎、澧之民率皆如此。

可见当时沅水下游和澧水流域这一信仰特征已相当显著。

清代徐炯赴云南从沅水流域路过，在《使滇日记》中记录其看到的景象：

> 自入武陵境，村里每立马伏波庙。马援征五溪蛮于此，故民皆祠之。

至于沅水中上游，包汝楫《南中纪闻》曾记载辰州"府城南有伏波将军庙在山麓"，并且"有山谷老人题字画"。在此姑勿论其字画真否，至少可表明其由来久远。

明人薛瑄在《汉伏波将军马公庙碑》中写道：

> 今辰即五溪故地，距公没垂千年，而野夫女子犹知道公之威名，在在有庙以祀公……我皇明大秩群神，公庙之在辰者，独登祀典。有司以时行事，无敢怠弛。人有水旱疫疠则祷焉。

甚至在沅水上游的靖州，也有这一信仰的分布。光绪《靖州直隶州志》记载："宋元丰间，本州奏其神即马伏波将军，夷人畏信之，乞加爵封昭灵王。"

以上资料足以表明，沅澧流域普遍存在对马援的崇祀。清人陆次云有诗句对沅水流域的民间信仰进行概括："祖每尊盘瓠，祠皆祀伏波。"可谓总结得相当深刻。

"祖每尊盘瓠"，说的是沅澧流域另一种特征信仰：竹王三郎。

竹王三郎是夜郎故地的古俗遗存。《后汉书·西南夷列传》

载其由来云：

> 夜郎者，初，有女子浣于遁水，有三节大竹流入足间，闻其中有号声，剖竹视之，得一男儿，归而养之。及长，有才武，自立为夜郎侯，以竹为姓。武帝元鼎六年，平南夷，为牂柯郡，夜郎侯迎降，天子赐其王印绶。后遂杀之。夷獠咸以竹王非血气所生，甚重之，求为立后。牂柯太守吴霸以闻，天子乃封其三子为侯。死，配食其父。今夜郎县有竹王三郎神是也。

早在唐代，刘禹锡便在朗州留下"俚人祠竹节"的诗句。竹节之祠，显然其神主即竹王三郎；而既为俚人之俗，则整个沅澧流域均应如此。

晚近的材料为数更多。清代有人在黔阳、辰州先后吟出过"丛祠香火竹三郎""竹郎祠外昏山雨"的诗句。类似的资料不胜枚举。

尤有意思的是，沅水中上游还普遍将其尊崇为天王庙。同治《沅州府志》称："竹王庙，土人称天王庙，多见辰、泸地方。"说得非常肯定。

伏波神与竹王三郎两种信仰，可谓是同一文化内涵的两个方面。它们都与沅澧流域的古代民族有关。个中的道理是值得深思的。

不过，这中间也有一些细微的差异。沅水下游和澧水流域，对竹王三郎的崇祀在晚近的资料中已趋于消亡。而在沅水中上游，竹王崇祀不仅长期遗存，而且竹王还发展为天王神。

另外，沅水下游和澧水流域，历史上还曾发展过一些与楚相关的信仰。刘禹锡在朗州有"俗尚东皇祀"的诗句。所谓东皇，显然指《九歌》中的东皇太一。当时该地还有对伍子胥的崇祀。刘禹锡在其《汉寿城春望》诗"荒祠古墓对荆榛"句下自注曰："其下有子胥庙，兼楚王故坟。"这些都表明该地大有楚风。

而与之相对的是，这些信仰在沅水中上游从不曾出现过。

顺便需要说明的是，资水上游介于湘、沅二水之间，该地在文化上也表现出介于湘江流域与沅水流域之间的特征。

该地具有较发达的南岳进香习俗，同时，沅澧流域普遍发达的伏波崇祀在该地并不明显，这些可谓是该地所具有的与湘江流域相同的文化特征。

然而，沅水中上游的天王信仰，在此地也有所分布。同治《城步县志》载其天王庙"甚灵异"。而光绪《武冈州志》则记载当地"祀四郎最虔"，且"有大郎、二郎、三郎之称"。其说所本，也以为是竹王三子。

不过，沅水中上游的天王本只三人，而此地则称之四郎。由此可见，此地民间的文化观念与沅水流域毕竟已有所不同。

"湖南人家重端午"

在传统的农业社会，一套完整的岁时习俗可以说就是一种独特的生活方式。因为其中包含着年复一年循环往复、周而复始的一整套生活内容。

经过数千年的同化，汉族的岁时习俗已大同小异。新年出行、贺岁，元宵放灯，二月二春社，三月三和清明节挂扫，五月五端午，七月七乞巧，七月半祭祖，八月半中秋，九月九重阳，冬至祭祖，小年祭灶，等等，各地的节庆活动基本上差不多。

但具体细节仍存在明显的地域差异。以湖南而言，四月八浴佛节、五月端午、九月重阳以及小年祭灶四个节庆的地域差异便甚为显著。

四月八浴佛节，沅、澧二水流域的观念很淡；而在湘、资二水流域则相当隆重，普遍做乌饭（青精饭）。端午和重阳两节，湘资流域较为普通，而沅澧流域特别重视，相当多地方除了五月五的端午、九月九的重阳之外，还要在五月十五、九月十九另过一次，称为"大端午""大重阳"。小年祭灶，湘资流域大多是在腊月二十四小年的当晚；而沅澧流域一般都在二十三日晚上先期祭灶。

沅澧流域内部当然也有一些差异。最有特色的要数沅水中上游。其端午、重阳两节相当普遍地分成小、大两次。

这种奇怪的端午节的过法，以同治《黔阳县志》所载最详。

江永明代划龙船

当地的龙舟竞渡之戏，"有自五月初十日起者，有自十三起者，至十五日止"，而且：

> 乡里皆以十五日为正节，又有用初十、十三者。邻戚往来，不在五日。

至于这一习俗的起源，各地相传自汉马伏波始。其中以同治《溆浦县志》言之最详：

> 相传伏波征五溪蛮，于五日进兵，士卒有难色。伏波曰："端午令节，蛮酋必醉，进可成功。今日乃小端阳也……"……

遂名曰大端午，至今仍之。

这一传说令人骇异。上文已述，马援征五溪给当地的民间信仰留下了深深印记，不期然岁时习俗中竟然也有类似的影响。由此可见独特的历史进程对于一个地方文化形成的重要意义。

传说的确凿与否无须深究，但其来久远则毋庸置疑。《溪蛮丛笑》称：

> 蛮乡最重重午，不论生、熟界，出观竞渡，三日而归。既望复出，谓之大十五。

并且其"竞渡预以四月八日下船"，不难想见其隆重程度。

古今对比，沅水中上游的"蛮俗"特征显然已有所淡化。据《溪蛮丛笑》所载，则四月八日应该也是一个重要节日，但在近世资料中，不过是寺院作龙华会而已，极少有像湘资流域那样炊乌饭的。不少地方干脆不提四月八这个节日。

重阳节在该地的隆重一如端午。同治《沅陵县志》载：

> 九月九日登高，饮茱萸酒，用米粉为糕和饧蒸之，曰重阳糕。又乡俗以十三日为小重阳，十九日为大重阳。

尽管这样分为小、大两个重阳节的习俗并非每地皆然，但酿酒、蒸糕等节庆内容所在皆有。

相对而言，沅水下游和澧水流域对端午、重阳两节的重视明显不如沅水中上游。

嘉靖《常德府志》称："端午，民间颇重是节。"万历《慈利县志》亦载：

> 端午，邑人划龙舟……薄暮乃已。初十日亦然。

清代沅水下游和澧水流域普遍存在竞渡习俗，尽管有不少地方属山区环境。如嘉庆《石门县志》也载有"端午竞渡"。

由此可以看到两点：一是此地对端午节，尤其竞渡内容相当重视；二是从慈利的资料来看，古代对此节的重视更甚，分初五和初十两次，到后来才变成只有初五的一次。

重阳节此地历史上也是相当隆重的。嘉靖《常德府志》载："重阳饮茱萸酒，蒸菊花糕。"但到了清代，一般就只有登高而不再蒸重阳糕，酿重阳酒也不是十分普遍。

更有意思的是，祀灶的日期，嘉靖《常德府志》中还是在十二月二十四日晚，但到清代已有所变迁。嘉庆《常德府志》特加按语说明：

> 今俗例以十二月廿三日祀灶，云灶神是日上天奏事，故祷之。

显然，这些岁时习俗的变化形成了一个共同的指向：此地较沅水中上游地区的开发程度要高。

湘、资二水流域可以分为三块来谈。

地处湘水中下游的衡阳、长沙、岳阳一带，端午节普遍有竞渡之俗，但绝无大、小端午之分。有些地方在端午之前就开始竞渡，但也只始于初一。如同治《攸县志》所载：

> 龙舟竞渡，亦沿楚俗，自五月初一至端午日止。

在古代，这一活动开始的时间也早得多。北宋时的《岳阳风土记》称，当地竞渡在"四月中择日下水"，"至端午罢"。唐代也是如此，元稹曾赋诗云：

> 楚俗不爱力，费力为竞舟。……年年四五月，茧实麦小秋。……此时集丁壮，习竞南亩头。……连延数十日，作业不复忧。

到后世这一活动渐趋缩短。同治《巴陵县志》特地声明："今四月无竞渡者。"无疑反映该节日在逐步淡化。

四月八浴佛节，此地一般都很重视，大多要做青精饭。九月重阳也较为普遍，但并不隆重，只有饮酒、登高、作会的内容。如同治《平江县志》所云：

> 九月九日饮茱萸酒，或采菊、登高。

其隆重程度与沅澧流域绝不能相比。

湘江上游的郴州、永州一带，端午节基本上没有竞渡内容。同治《桂东县志》载：当地"不通舟楫，故无竞渡之风"。民国《嘉禾县志》甚至声称："县无舟戏，亦少煮粽者。"这一状况与沅澧流域相比，可谓判然有别。

四月八的节庆，此地非常普遍地有做乌饭和作浴佛会的记载。重阳节同样如此，尤以永州一带较为隆重。光绪《道州志》有曰：

> 重九，摘茱萸，煎油茶饮之；造重阳酒；间或结伴登高。

当然，较之沅水中上游，仍有质的区别。

小年祭灶，这一带大多在腊月二十四日晚，但也有个别地方不尽一致。道光《永州府志》称：祭灶于"二十三或二十四、二十五夜，谓之小年夜"。

何以出现如此差异？光绪《零陵县志》称："二十三日，军家于是夜送灶"，而"民家则祀于二十四日夜，亦谓之过小年"。就是说，在二十四晚上祀灶乃是本地固有习俗，而祭于二十三日晚则是由军户所带来。

这一推论可以得到印证：二十三日晚祭灶的习俗基本上位于

官话区内，极少数例外亦与军事移民有关。如茶陵，该地于宋代升为茶陵军，接纳有不少军人屯垦。

至于二十五日晚祭灶的现象，从光绪《零陵县志》也可以看出一些端倪：

> 俗谓民徭之分，民先一日，徭后一日。

由此不难想见，在二十五晚上过小年的一定是汉化的瑶人的后裔。

资水中上游地区，清代的政区为宝庆一府。此地的端午节普遍存在竞渡习俗。尤以武冈最为隆重，个别乡村还以"十五日为大端午"。九月重阳，该地亦较为隆重，不少地方酿酒、蒸糕。这两个节日表现得与沅澧流域有些许类似。

但是，该地对四月八浴佛节也比较重视，一般都有做乌饭的记载。小年祭灶大多在二十四日晚。由此看来，与信仰习俗一样，该地在文化上仍处于湘、沅二水间的过渡状态。

婿不亲迎

现在来看看沅湘间的婚俗。

湖南的传统婚俗有着相当强的共性。除了普遍实行儒家礼制外，最明显的如奠雁礼以鹅代雁、婿不亲迎、哭嫁等多项习俗各地表现基本上相同。

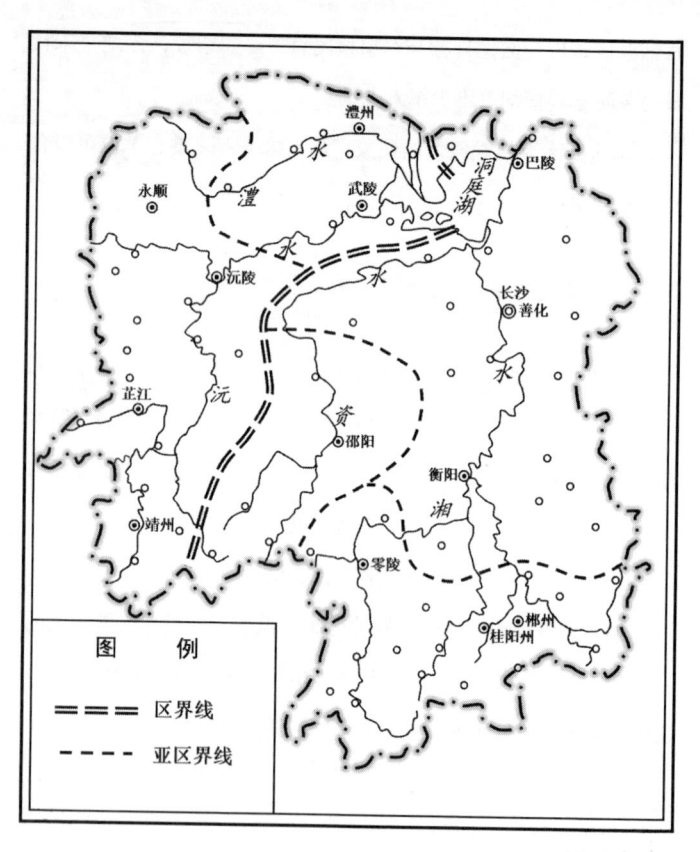

湖南综合文化区域图

但沅澧流域和湘资流域之间也存在着相当明显的差异。

主要表现为三点：其一，湘资流域一般是婿不亲迎，而沅澧流域虽然严格说来也是婿不亲迎，但出现了一些变化，很多地方新郎都在婚日往女家行奠雁礼,然而先花轿而返;其二,湘资流域送亲客一般都是男性,沅澧流域则大多为女性;其三,湘资流域新人在婚后二或三天回门,沅澧流域虽然也有在第三天回门的,但很多地方都在第九天或第三十天。

婿不亲迎,显然是不合礼法的古老行为。沅澧流域出现的奠雁先返,则是在此基础上发展起来的习俗,虽然仍不是与新娘同归,但当地人已将此看成是亲迎了。如同治《澧州志》所谓的"婿亲迎",便是在奠雁后"先反,俟于门"。靖州也是如此:"彩舆鼓吹至女家,婿登堂奠雁先归。"(光绪《靖州直隶州志》)

由此可见,当地人乃是以自己的理解来诠释、执行礼制的。这反映了教化方式传播文化的共同特点。

不亲迎也罢,所谓的亲迎也罢,都有一个共同特点,就是新人不能在一起。若加以推究,其间大有原因。

湘资流域不少地方非但不亲迎,而且花轿进门之前还要暂避。如祁阳"喜舆至婿门,婿家大小皆避少顷,只用福泽两妇接之"(道光《永州府志》)。这一习俗相当普遍。

何以要如此?道光《永州府志》认为:"不避则不睦。"宜乎在花轿进门之前,不少地方都举行厌胜仪式。

最常见的是宰牲,甚至请儒、释、道家者流施法。如道光《衡山县志》所载:

> 闻向来新妇入门，必用僧道进水喝煞，并有用僧道赞拜堂礼者。

光绪《兴宁县志》亦称，其花轿将至时：

> 主人设香案、米盘于门外，敦请文儒迎向彩轿，撒米厌煞。执事者碟鸡或宰猪，谓之接轿。

由此看来，婿不亲迎乃是出于一种独特的观念。

女家送亲，应该代表整个家族。湘资流域这一责任大都由男性承担，显然系儒家礼制影响较深的表现。而沅澧流域基本上由母、嫂等女性完成。如辰州府是母嫂送亲，保靖为父母之外的男女，凤凰、永绥则是姑娘姐妹或母嫂姐妹。至少都不排除女性。这显然是古老的"蛮风"遗存，而未尽合乎礼法者也。

湘资与沅澧

从上面各单项风俗的地域差异中已可以强烈地感受到：湖南的地域文化特征存在着强烈的湘资流域与沅澧流域的对立。

为明确起见，兹将其各项具体文化特征列如表1：

从表1中可以看到两个特点：

	湘资流域	沅澧流域
方言	以湘语为主要特征，东部邻赣诸县为赣语，湘水上游为官话与土话杂区。	以官话为主要特征。
民歌类型	田歌不发达。	有发达的特殊田歌薅草锣鼓。
典型信仰	南岳朝香。	崇祀马援及竹王三郎。
婚俗	（1）婿不亲迎。（2）女家送亲客一般为男性。（3）回门一般在婚后第三天。	（1）新郎奠雁先返。（2）女家送亲客大多为女性。（3）回门虽有在婚后第三天的，但很多是在第九天或一个月后。
岁时习俗	（1）四月八日浴佛节发达。（2）端午节不分小、大两节，不少地方无龙舟竞渡。（3）重阳节不甚隆重，无小、大重阳之分。（4）小年祭灶大多在腊月二十四日晚，个别在二十三或二十五日晚。	（1）四月八日浴佛节不甚发达。（2）端午节特别隆重，普遍有龙舟竞渡，不少地方分为小、大两节。（3）九月重阳相当隆重，不少地方分小、大两节。（4）小年祭灶一般是在腊月二十三日晚，个别在二十四日晚。

表1 湘资流域与沅澧流域的文化特征

其一，就文化发展的过程而言，湘资流域显得较为先进，从而其民俗文化形态大多演进较快。例如，婚俗中女家送亲客一般为男性，表明其礼制因素较多；而岁时习俗中端午、重阳两节不甚隆重，反映其古老内容较为淡化。

就连表面上沅澧流域较为年轻的文化形态，也往往显露出开发较晚的痕迹。如沅澧流域的方言以官话为主要特征，形态不如湘资流域湘语古老，但沅澧流域官话的形成正是因为当地开发较晚，接受的是以军事型为主的大量移民；而湘资流域的湘语、赣语地区则因其开发较早，迁入的移民多属散漫的自发式。

其二，沅澧流域的文化类型特征在一定程度上与西南数省相似。如它的方言可以归入西南官话，其民歌中的薅草锣鼓、民祀中的竹王三郎在西南数省都相当普遍。这样的民俗显然与其民族成分有关，说明两个区域的人文化差异其来久远。

进一步分析，两个区域内部又各有差异。兹先将湘资流域的情形列如表2：

	长、衡、岳	郴、永	宝庆
方言	以新湘语为主，东边邻赣诸县为赣语。	主要为官话与土话混杂，少数地方为赣语。	以老湘语为主。
山歌句式	以五句头为主。	有五句头，但不占主要地位。	以四句头为主，五句头少见。
信仰	无共同特征神。	基本上存在共同的特征神灵，名总管。	无共同特征神，但个别地方有沅澧流域特征。
岁时习俗	（1）端午节普遍有龙舟竞渡。（2）重阳节不够隆重。（3）小年祭灶大都在腊月二十四日晚。	（1）端午节基本上不竞渡。（2）重阳节较为隆重。（3）小年祭灶以腊月二十四日晚为主，间有在二十三或二十五日晚者。	（1）端午节竞渡，个别地方分小、大两节。（2）重阳节隆重。（3）小年祭灶一般在腊月二十四日晚。

表2　湘资流域内的文化差异

表2所列的内容显示，湘江中下游的长沙、衡阳、岳阳一带其文化发展较之湘江上游的郴、永一带及资水中上游的清代宝庆一府更为先进。这一点在方言形态上表现得最为清楚。新湘语比老湘语要年轻已不待言，就连湘江上游郴、永一带以官话为通语，也是当地开发成熟较晚所致，正如上述沅澧流域的情形一样。

资水中上游在信仰、岁时习俗的某些方面呈现出一定的沅澧流域特征，带有一种过渡区的性质。但它与湘水流域的文化共同性远远超过其与沅澧流域的共同性，故而如果要划分文化区的话，还是应该作为湘资流域的一个组成部分。

沅澧流域可以分为两块：沅水下游和澧水流域为清代的常德府和澧州，沅水中上游则为清代的辰州、沅州、永顺三府，靖州和永绥、凤凰、乾州、晃州四厅。其间文化差异有如表3：

	沅水下游、澧水流域	沅水中上游
方言	官话特征较为纯粹。	个别地方带有一定的湘语特征，总体为官话。
山歌	高腔、平腔、低腔山歌及放牛山歌均发达。	以高腔和平腔为主，低腔山歌及放牛山歌很少。
信仰	（1）古代曾有竹王崇拜，后来渐趋衰微。（2）古代存在与楚相关的神祀。	（1）竹王崇拜长期遗存，而且还有新的发展。（2）古代不曾存在与楚相关的神祀。
岁时习俗	（1）端午、重阳两节较为隆重，一般不再分为小、大两节。（2）小年祭灶一般在腊月二十三日晚。	（1）端午、重阳两节很隆重，多数地方各分小、大两节。（2）小年祭灶很多在腊月二十三日晚，个别在二十四日晚。

表3　沅澧流域内各地的文化差异

将表3内容综合起来考虑，不难发现，沅水中上游的文化形态较沅水下游和澧水流域更为古老。方言即是一端。后者早在东晋南朝和唐代中叶两度接受北方移民，便已经有官话在该地出现；而前者直到宋明时期的军事移民进入以后，才形成它的官话格局。

因此，后者的湘语底层一直未能被覆盖，有些学者将其当作湘语的辰溆片。

方言之外，信仰和岁时习俗的表现更加显著，沅水下游和澧水流域的演进均较领先。

将以上3个表格综以观之，三湘四水间的历史文化存在着两个方向的地域分异：东西方向，它导致了东西部湘资流域和沅澧流域的文化对立；南北方向，它决定了文化形态演进的差异。这两种分异的产生，既有自然地理条件的原因，也有人文地理环境的作用。

自然与人文

自然条件主要表现在地貌结构上。

湘、资、沅、澧四大流域从东向西依次排列。以资、沅二水分水岭雪峰山脉为界，可以分为东、西两大部分。西部的沅澧流域在地貌单元上属于云贵高原；东部的湘资流域，大部分属于江南丘陵，二水上游属于南岭山地。

这样的地貌结构，势必使得湘资流域和沅澧流域两大部分各自内部的经济文化交流较为便利，而彼此之间的往来相对困难，从而形成文化区域东、西两分的机制。

限制人类的活动范围，进而影响文化区域，这只是自然条件发生作用的一个方面；它还可以通过环境质量来制约文化的发展水平，也就是影响文化形态的演进速度。

湘资流域内部，湘江上游郴、永一带为南岭山地，湘江中下游及资水流域基本上属于江南丘陵；其中尤以长、衡、岳一带地势低平、河谷宽广。沅澧流域中，沅水中上游与其下游地势起伏亦有高下之别。

在历史早期，人类活动的技术手段有限，丘陵山区的开发历史并不比平原地区为晚。但随着技术水平的提高，平原地区的环境优势愈益明显：它更有利于经济的发展，从而文化积累的物质基础更为雄厚。表现在民族成分的变化上，中下游地区的汉化成熟更早。

正是在这样的自然地理基础上，形成了湖南独特的人文地理背景。这方面又可以分为政区和民族两点来说。

从政区来看，湘资流域和沅澧流域两大部分历来分属于不同的高级政区。湘资流域在秦代属长沙郡，汉代分属长沙、桂阳、零陵三郡，南朝于此置湘州，唐后期于此置湖南观察使，宋代于此置荆湖南路。沅澧流域在秦代属黔中郡，汉代属武陵郡，南朝分属荆、鄂二州，唐后期分属荆南节度使、黔州观察使，宋代属荆湖北路。元代以后，湘资流域和沅澧流域虽然共属于同一个高层政区，但府州级政区的设置则稳定未变。

分属于不同的高级政区，表明湘资流域和沅澧流域各自有着独立的历史发展过程。如此,当然也就导致了文化的分异。

湘资流域在秦代本为一郡,汉代分而为三,上游为桂阳、零陵二郡,中下游为长沙郡。三国吴将资水中上游从湘江上游中分出来,单独开设为昭陵郡,从此奠定了三块地方并列的局面。宋代以后彼此间的政区界线更是稳定未变。

沅澧流域在秦、汉都只一郡。吴析澧水流域为天门郡,初步显示其南北差异;南朝后期又将沅水流域析为两郡,形成沅水下游和澧水流域与沅水中上游两分的格局。唐代沅水中上游与今贵州一带同属黔中,而沅水下游与澧水流域属于以江陵为中心的高级政区。宋代以后府州级政区的界线也一直很稳定。

以民族而言,早在商周时期,湘资流域与沅澧流域的土著民族就有差异,前者为越系民族,与江西较为类似;后者土著民族的族属尚有争议,但为与西南地区有着一些共同特征的民族则可以肯定。

据考古学家何介钧先生的研究(《湖南商周时期古文化的分区探索》),湘、资二水下游,其商周以前的土著文化更接近于鄂东南、赣西北和鄱阳湖沿岸的古越族文化;商末周初中原文化南下,但本地文化始终表现出强大的生命力,经过西周一代的融合,才形成包含两种文化因素的独特的地方文化。

而在湘水中上游,古越族文化的特征典型、单一,通过湘江下游接受中原青铜文化的影响,到两周之际,才出现有当地特征的铜器，明显比湘江下游晚了一个相位。资水中上游则比较独特，它地处湘、沅二水之间，基本上表现为与湘水中游相同的文化特征，却又有部分与沅水中上游相同。

澧水流域和沅水下游，是商文化影响最为强烈的地区。这里自成系统的商周古文化，是中原商周文化和当地土著文化相互融合的产物。至迟西周中期，其独立的文化体系正式形成，属于青铜时代楚文化的范畴。沅水中上游在春秋时期楚文化影响之前，虽然澧水流域商周文化对其有明显影响，但有其独特的文化面目，与夜郎地区有相似之处。

周秦以降，中原文化沿洞庭湖东西两侧源源不断地南输。五代以来，由于全国经济文化重心逐渐转移到东南，湖南的开发由原先的北南向一变而为由东往西，但始终没有将土著势力扫除，而是互相融合同化。因此，东西方向的两区差异得以长期延续，而南北方向亦出现开发的迟速之别。

如彼的自然条件，又有如此的人文地理背景，共同发生作用，便构成了湖南历史文化的区域面貌。

关于湖南文化的区域差异，史料记载斑斑可考。

湘资流域历来被视为越族故地，尤其南部。唐代柳宗元既在《童区寄传》中以郴州一带为越地，又说：

永州于楚为最南，状与越相类。（《与李翰林建书》）

甚至,他还做过这样的总结:

> 潇湘参百越之俗。(《谢李吉甫相公示手札启》)

入宋以后,《太平寰宇记》关于风俗的记载是:岳州"同湘州",衡州"与潭州同",郴州"与潭州同",桂阳监"与郴州同"。而在潭州下则引《湖南风土记》云:

> 茅芦为室,颇杂越风。

这表明上述各地在文化上均与越族有关。

又,该书载永州风俗"与桂州同",道州"与五岭接界……别有山猺、白蛮、俚人三种类,与百姓异居,亲族各别"。则此地之杂越风更为明显。

资水流域在《太平寰宇记》中未有明确记载,但无疑已包含于上述"湖南"当中。

直到明代,王士性在《广志绎》中还提出当以"永州、宝庆、郴州分各粤西",表明其时仍有人认识到湘资流域文化与越族有关。

沅澧流域的情况,早在《隋书·地理志》中就有所反映。该书讲沅陵郡:

> 多杂蛮左,其与夏人杂居者,则与诸华不别。其僻处

山谷者，则言语不通，嗜好居处全异，颇与巴渝同俗。

所谓巴渝之俗，当然指与西南数省共同的文化面貌。

唐人习以沅澧流域为夜郎故地，如李白《闻王昌龄左迁龙标遥有此寄》诗中即有"随风直到夜郎西"之句。唐后期以此属黔中道，正是此一观念之表现。

《太平寰宇记》称澧州风俗"大同荆楚，然少杂夷獠"。夷獠指的是分布于西南数省的古代民族，可见此地亦如沅澧中上游一样，只是程度有些不同而已。

南宋魏鹤山于此吟道"黔中故地夜郎天"，明代王士性又谓"当以辰州、沅州、靖州分属贵阳"，说明都认识到当地文化与贵州一带有相似之处。且后者已无异于明言沅水中上游与其下游的文化不尽一致。

在同一文化影响下，原来特征各异的文化区必然产生趋同之势。表现在湖南，湘资下游与沅澧下游商周时期的土著文化本不相同，但长期处于中原文化的熏沐之中，故其相似之处日益增强。

《隋书·地理志》言风俗时以澧阳、武陵二郡与巴陵、衡山、零陵、桂阳诸郡并称，已可见一斑。上述各地的文化特征表明，沅水下游和澧水流域在历史上曾存在与楚相关的民祀，此则与长、衡、岳一带不无类似；又，沅水下游与湘江下游岁时习俗中的古老内容都在逐步淡化。

毋庸赘言，其间愈益增多的相似之处就是具有当地特色的汉文化的特征。

山川之异

上文已经表明，湖南历史文化的区域面貌存在着自然条件与人文环境两方面的因素，而人文环境本身又受到自然条件的影响。但是，山川固然是死的，人却是活的。

在一定程度上，自然山川发生作用也有赖于人类的感知。

有两个典型例证，一是湘南的临武、宜章两县，二是广西的全州。

临武、宜章两县基本上属于珠江水系的武水流域，秦代长沙郡和汉代长沙国领有岭南之地，它们便一直属于以湘江流域为中心的高层政区。尽管经历了两千多年，可是它们一直具有珠江流域的某些文化特征。同治《桂阳直隶州志》称：

溱水通浈而临武习越俗。

此时所谓越俗，当然指珠江流域的民俗。溱水即今武水，经宜章而后通浈水，因此宜章之习于越俗已不待言。

广西全州属于湘、资二水流域，秦汉以来它本来长期属于以湖南为中心的高层政区,故而在文化上它一直是湘江流域的组成部分。《太平寰宇记》载其风俗"与永州同"。宋代的《清湘郡志》自云"湖南穷处"。

从明代起,全州之地隶属广西。可是,由于此前深厚的历史传统,它一直有着与湖南相同的文化特征。最明显的便是此地至今仍流行湘语,属老湘语一派。

为什么会出现这种影响?或者说,自然地理区域是如何影响到文化区域的?上面已提及,这是因为同一流域中的人们更容易发生经济文化交流,而崇山峻岭则是人类活动的天然屏障,阻碍了人们的往来。这就是文化区域形成的机制。

我国早就认识到自然区域对文化具有的影响。《礼记·王制》曰:

> 凡居民材,必因天地寒暖燥湿。广谷大川异制,民生其间者异俗,刚柔、轻重、迟速异齐,五味异和,器械异制,衣服异宜。

这就深刻地论述了自然区域对文化区域发生作用,既包括了心理因素,也涉及了物质文化。值得注意的是所谓"广谷大川"实际上就是流域单元,因而这里突出的也是分水岭的阻隔作用。

岳阳地区有句俗话:"民歌的流传,隔山不隔水。"这实际上也是讲民歌在同一流域中易于传播,而在不同的流域中就要困难一些。民歌是如此,其他文化形态也是如此。

"隔山不隔水",是因为在古代虽然山脉和水体都足以阻隔人类的活动,但相比之下前者更甚。在水上人们可以凭借舟筏等交通工具,而翻山越岭的交通则要困难得多。语言学界的研究也表明,河流在更多的情况下起着交通路线的作用,而不是交通障碍。因而在同一流域中,各种文化物质的趋同、整合更为有利。(L.R. 帕默尔《语言学概论》)

当然,如果山脉并不高峻崎岖,或虽然高峻却山形破碎,从而存在一些通道山口,则仍不能隔断文化传播。

例如南岭山脉虽然巨大,为我国三大南北地理分界线之一,但存在多处过岭孔道,故南北两麓的文化形态颇多相似之处。

《太平寰宇记》称连州风俗"与郴州同",永州风俗"与桂州同"。清人杨恩寿曰:"粤人辄以亚命名,郴与粤相毗连,故沿其习。"民国《郴县志》所言更为明显:

> 地当粤东孔道,槟榔、烟、酒,间染其习。

由此可见,地理环境是以影响人类活动而作用于人类文化的。

湖南的文化区域与行政区域也有着明显的对应关系,无论是从单质文化区还是从综合文化区的角度看。

譬如岁时习俗。郴、永一带在清代分为郴州、桂阳州、永州府3个府州，这一带的小年祭灶习俗，郴州全部在腊月二十四日晚上，掺杂着二十三日晚上祭灶的都在永州府和桂阳州。又光绪《兴宁县志》载"杂占多俚语，郴属皆相近"，也反映了这一特点。

这种例证俯拾皆是，不胜枚举。如果单质文化的差异积累足够多，便能导致综合性的文化分立。

仅仅看到政区对文化区的形成发生作用还远远不够，有必要再讨论这一作用的程度。

换句话说，上文说过自然区域对文化区域有作用，这里又讲政区对文化区有作用，两者相比，究竟何者更直接有效？

语言学界的研究表明，单纯的地形障碍对语言情况的影响小得出人意料，而政治上的分疆划界应该认为是方言分界的原因。尽管地形决定了交通的便利与否，为行政区域提供了自然的界线，但它们只是方言分布和划界的间接原因，而如果行政区域超越了自然地形的界线，那么对方言的历史发展起着主要作用的就是行政区域。（L.R.帕默尔《语言学概论》）

当然，语言只是文化的一个要素，但值得注意的是：它是一个主导要素。

湖南当然有类似的例证。

郴州和桂阳州并肩共处于湘江上游，它们在秦汉以来一直同属桂阳郡，唐代同属郴州。五代将其一分为二，宋初《太平寰宇记》仍称桂阳监（后为桂阳州）风俗同郴州。到宋代以后，它们一直各自为政，因而主要的文化特征虽然相同，但已有一些细微的差异。

这中间，自然区域并未发生变化。

再来看一个政区改隶的例子。桂阳州在明代曾降为衡州府的属州，到清代又直隶于省。同治《桂阳直隶州志》称：

> 州以前明隶于衡，颇有衡风。

至于衡风的表现，民国《嘉禾县志》曰：

> 六月六日，稻初熟，乃尝新，则衡阳客籍久居多，盖荐新衡俗特盛，不忘风土也。

这一证据相当有意思，它不仅反映同一府中的文化有趋同现象，而且还显示其所以如此，是因为其内部经济文化交流更容易发生。"衡阳客籍"就是一种经济文化交流的媒介。

值得注意的是，在各级政区中，对文化影响较大的是府州级政区。上文已显示得相当清楚。个中原因，周振鹤先生曾经指出，政区对其辖境内的政治、经济、文化具有一定的一体化作用：

> 特别是唐宋的州和明清的府，所辖的地域不大不小，对于文化的一体化来说是最适中的。州或府是一群县的有机组合体，州（府）治不但是一州（府）的政治中心，而且一般

也是该州（府）的经济、文化、交通的中心。（《方言与中国文化》）

这段论述本来是针对方言，但对于其他的人文现象，实在值得深长思之。

七

斑竹一枝千滴泪

九嶷山上白云飞，帝子乘风下翠微。
斑竹一枝千滴泪，红霞万朵百重衣。
洞庭波涌连天雪，长岛人歌地动诗。
我欲因之梦寥廓，芙蓉国里尽朝晖。

——毛泽东《答友人》

如果要从湖南的地域文化中分辨出一重性别色彩，相信所有人都会深深地感觉，那实在是一种极富阳刚之美的文化：

> 山高路远坑深，
> 大军纵横驰奔。
> 谁敢横刀立马？
> 唯我彭大将军！

这是毛泽东送给彭德怀的诗篇。寥寥六言四句，道尽了湖南人的本色。

近代以来，只有湖南有这样的人物，也只有湖南人能写出这样的诗篇。

然而曾几何时，人们在谈论湖南文化时往往也会提到另一句话：湘女多情。

最容易让人产生这一联想的当然是湖南一个叫桃花江的地方。20世纪30年代黎锦晖创作的一曲软软的《桃花江》，简直让它成了美人盛产之地的代名词：

> 我听得人家说——
> 〔白〕说什么？
> 桃花江是美人窝。
> 桃花千万朵呀，比不上美人多！

〔白〕不错呀!

果然不错。

我每天都到那桃花林里头坐,

来来往往我都看见过——

…………

黎锦晖先生出自著名的湘潭黎氏,他以湖南的地名写出来的作品,在一般人看来,总该是有点凭据的吧?

偏偏这首歌流传那么广。在激奋人心的抗战歌声响起之前,它风靡了整个华人世界。

由于它长期被摒弃,笔者少年时一直没机会看到《桃花江》的歌词。然而正是因为这样,它也就一直令人感到好奇。

记得大学里听那些成熟的学长们谈论美女,无论何时何地,"桃花江"三个字总是能勾起他们某种特定的眼神。

当然不光有桃花江。民国时期湖南有一句流传甚广的风土谣谚:

湘潭木屐益阳伞,沅江女子过得拣。

"沅江"一作"益阳"。

当然还不光是益阳一带。民国军政要人李宗仁先生直到晚年,还在回忆录中津津乐道他年轻时观察到的湖南南部的女性风俗。

那是1916年,他第一次随部队越过南岭从广东北上,一过湘粤交界的坪石,便觉得风土人情大异:

> 在我们到坪石之前,所见两广妇女都是天足,操作勤劳,与男子等同。但一过坪石,妇女都缠足,脚细如笋,行动婀娜。

此情此景,当然令人感慨殊深。以至于其审美观霎时间便发生了转变,回去时,反觉其"朝于斯、夕于斯"的本乡文化难以适应:

> 归粤途中,进入湘粤交界的乐昌县时,陡见妇女完全天足,在山上和田野中工作,有的挑着担子,在路上横冲直撞,类皆面目黧黑,汗流浃背;以视湘省妇女的白皙细嫩,举止斯文,真有霄壤之别。骤看之下,颇不顺眼。

而尤其让李老先生终身难以忘怀的是一个小插曲。进入湖南不久,在安仁、攸县的交界地带他作战负伤,于是被抬着送往后方:

> 当晚宿在一伙铺里。铺主人有一年方二八的掌上珠,她听说我的勇敢,转败为胜,乃自动替我包扎、烧水、泡茶,百般抚慰,殷勤备至。当我翌日离去之时,她似乎颇有依依不舍之情,令我感激难忘。湘女多情,英雄气短,这也是受伤后一段颇值得回味的故事。

很可惜,这一故事到此也就结束了,没能衍生出更多的罗曼史。不过倒确实应验了"湘女多情"的口实。

可是,如果我们纵观历史,恐怕是很难得出"湘女多情"的印象的。

不仅很难说"湘女多情",自古以来,湘江流域的女性简直就很少在历史上露面。

号称"沉鱼落雁、闭月羞花"的四大古典美人西施、王昭君、貂蝉、杨贵妃,无一出自湖南。其中出自南方的两位,西施是越人,老家在今浙江萧山、诸暨一带;王昭君家乡离湖南稍近,在三峡秭归,湖北人。

秦汉时期,美女是河北平原的特产。《史记·货殖列传》和《汉书·地理志》描写中山、赵一带的风俗是:

> 丈夫相聚游戏,悲歌慷慨,起则相随椎剽,休则掘冢作巧奸冶,多美物,为倡优。女子则鼓鸣瑟,跕屣,游媚贵富,入后宫,遍诸侯。

一个地方的风气竟至于如此被写进国史里,古往今来,好像也只有当时当地。

南北朝时期,号称"佳丽"之地的颇不少。梁简文帝有句云:"洛阳佳丽所,大道满春光。"陆琼则称"临淄佳丽地"。当然最常见的还是形容江南,如谢朓所云"江南佳丽地,金陵帝王州"。

而入唐以后,"佳丽"几乎已成为江南的专利。王勃有"吴姬越女何丰茸"之叹,杜牧有"京江水清滑,生女白如脂"之咏,就连号称"诗圣"、一般人心目中未免有几分道学气的杜甫亦有"越女天下白"之评。

宋代以后,这一趋势越发明显。传说柳永的一句"有三秋桂子、十里荷花",便引得金主起投鞭渡江之志。无须说破,令他无限向往的还有荷花深处那无数的"嬉嬉钓叟莲娃"。

明清以降,扬州的瘦马、苏扬的名妓天下闻名。而北方,则是"大同的婆娘"在明代号称天下三绝之一。

可以说,直到民国年间一些女革命家、女作家、女艺人出现之前,湖南的女子就很少在社会上有所表现。

那么湖南的女性都在做些什么呢?

她们在默默辛勤地劳作,相夫教子。甚至,她们比男性承担得更多、付出得更多。

也许人们都记得,《史记·货殖列传》和《汉书·地理志》载楚越之地"呰窳偷生",又称"江南卑湿,丈夫早夭"。这两句话表面上都是对当地男性的评价,"呰窳偷生"指的是一副材力短弱、病恹恹、不中用的样子,而"丈夫早夭"则分明指该地域的女性并无异常。既然如此,那些活计主要是谁做呢?

类似的记载一直不多见,直到北宋,《岳阳风土记》中才有一些具体的资料:

> 湖湘之民，生男往往多作赘，生女反招婿舍居。然男子为其妇家承门户，不惮劳苦，无复怨悔。俗之移人有如此者。

这当然是母系氏族社会习俗的残余。既作为一种社会现象而存在，自有其内在的逻辑必然。不过讲良心话，虽说看起来是"男子为其妇家承门户"，实际上当时该地的女性也绝不容易，并无机会坐享清福：

> 江西妇人皆习男事，采薪负重，往往力胜男子。设或不能，则阴相诋诮。衣服之上以帛为带，交结胸前后，富者至用锦绣。其实便操作也，而自以为礼服，其事甚著。皆云武侯擒纵时所结，人畏其威不敢辄去，因以成俗。巴陵、江西、华容之民犹间如此，鼎澧亦然。

显而易见，如果没有这等本事，也不可能引得堂堂七尺男儿去上门作赘，且"无复悔怨"。

资料中只讲到巴陵、华容以及沅水下游、澧水流域，笔者相信，当时整个三湘四水间应该都差不多。因为从民族分布、文化变迁的角度来看，与南方土著民族相关的一些较古老的习俗都是从北逐渐向南推移的。当时四水下游地区如此，其中上游不会例外。

李宗仁先生在回忆录中曾动情地讲述他家乡的妇女生活习俗：

> 提起我乡妇女的勤劳，举世实罕有其匹。广西妇女多

不缠足，举凡男人能做的劳动，如上山采樵、下田割禾等，妇女都和男子一样地操作，从无稍异。然男子日出而作，日入而息，工作有定时。妇女则不然，白天她们和丈夫、儿子一同下田耕作，入晚回家，她们还要煮饭、洗涤、纺织、缝纫和哺乳幼儿，工作倍于男子。生活的痛苦劳瘁，实非常人所能想象。

笔者深信，这一习俗在历史上曾长期、普遍地存在于沅湘之间。

说不清从什么时候开始，由于儒家文化的涵濡同化，湖南的女性被逐渐引入裹脚、主内的轨道，或可称之为向闺秀化的方向发展。笔者认为，这应该是大规模的江西移民入居之后的事。

但即便如此，由于地域经济水平的限制，湖南的女性仍需要承担大量的劳动。光绪《耒阳县志》描写其风俗云：

> 女服事乎内，主中馈，勤纱绩，纺工缝纫，操作不缀，无论贫富大都类然。

而同治《临湘县志》甚至讲当地的妇女：

> 且有插秧荷草、刈蒿萎、披荆棘者。

在这样的环境中长大的女子，应该是不会太多情的。即使要多情也不会有足够的闲暇和心境。如果说，粗糙的生活还不足以磨灭她们多情的天性,那么,更应该成为她们标记的是她们身上的另一种性格成分。

曾国藩曾在家书中写道:

> 吾兄弟皆禀母德居多,其好处亦正在倔强。

的确,与其说多情,还不如说倔强更能显现湖南女性的性格特色。

无独有偶,著名女作家白薇的评传中,也有这样一位母亲存在:

> 碧珠的母亲,性豪爽,能说会道,善于交际,又像湖南农村一般妇女一样,十分勤劳,亲自种菜、挖土、耕山地、料理果园、养猪、碾米……内外总管,集于一身。

这段文字虽然没有提到"倔强"二字,但其中"倔强"的底色仍很显眼。谓予不信,请看小碧珠(即白薇)长大后的表现:当她历尽艰辛从虐待她的婆家逃出来,跑到衡阳、长沙去念师范,毕业前她父亲为了让她回家,花钱请学校的教工将她严密看守,并且将她的行李搬走,她硬是从厕所的出污口逃出,凭着同学凑集的五块多钱,只身逃到上海,后来出洋。

常言道,找媳妇看岳母。谁说白薇的这番表现,不是得自她母亲的遗传呢?

当然,除了母亲的遗传,还有隔代的。《白薇评传》中还说:

> 祖母赵翠兰的思想启蒙和父亲黄达人的言传身教,给黄彰这个从小经历了各种艰苦锻炼的少女,培养起一种勇敢向上、藐视传统的叛逆精神。

所谓"勇敢向上、藐视传统",无疑是"倔强"的最到位的解读。

岂止一个白薇。丁玲,这位在现代文学史上留下浓墨重彩的女作家,又何尝不如是?

作为一个大作家,丁玲得到的评论已堪称无数。在笔者读到的评论当中,当以王蒙的《我心目中的丁玲》最为深刻:

> 她是那一辈人里最有艺术才华的作家之一。特别是她写的女性,真是让人牵肠挂肚,翻瓶倒罐。丁玲笔下的女性有一种特殊的魅力,娼妓、天使、英雄、圣哲、独行侠、弱者、淑女的特点集于一身,卑贱与高贵集于一身。她写得太强烈,太厉害,好话坏话都那么到位。少年时代我读了《我在霞村的时候》,贞贞的形象让我看傻了,原来一个女性可以是那么屈辱、苦难、英勇、善良、无助、热烈、尊严而且光明……她特别善于写被伤害的被误解的倔强多情多思而且孤独的女性。

民国湖南新式女性

实在是耐人寻味，王蒙竟然在"多情"之前也用了"倔强"一词。这之后他还提出了一个严肃的思考：

> 是历史决定性格还是性格决定历史呢？是命运塑造小说还是小说塑造命运呢？

是啊，谁能说得清楚呢？谁能说，丁玲塑造的这些女性形象没有她本人的性格元素呢？谁能说，她本身的性格不是来自湖湘间独特而深厚的文化传统呢？

丁玲在作品中表白道：

> 我喜欢那种有热情的，有血肉的，有快乐，有忧愁，又有明朗性格的人……

恐怕没有人能不承认，这何尝不是丁玲的夫子自道！

又何止作家。王人美，著名的电影表演艺术家，中年以后与著名国画家叶浅予重组家庭，按说两个艺术家生活在一起，又都是社会名流，这样的组合总该是温情脉脉、和和美美的吧？然而不尽然。叶浅予在他的回忆录中写到婚姻生活时，给王人美的内容题为"磕磕碰碰第五课"，其中对王人美的性格的感受是：

> 她的性格急躁，又好强，硬要摆出当主妇的身份……凡属于内掌柜职权范围内的事，外掌柜不得插手。

实在是妙得很，这一位的性格又是一个"强"字。

那么，让我们回到起点，"湘女多情"的口实又是怎样来的呢？

征诸文献，"湘女多情"的"湘女"起先并不是指湘江流域的女性，而是一个专有名词，特指传说中的娥皇、女英。

关于娥皇、女英，有一个起源甚早、流传甚广的美丽传说。

她们是尧帝的二女，舜帝的二妃。舜帝南巡死于苍梧，葬于九嶷山；二妃前来寻夫，竟哭死在湘江边：

> 湘水去岸三十许里，有相思宫、望帝台。舜南巡不返，

殁葬于苍梧之野。尧之二女娥皇、女英追之不及，相思恸哭，泪下沾竹，文悉为之斑斑然。（《述异记》）

她们死后成为湘水之神，号湘君、湘夫人。为了纪念她们，洞庭湖中的君山上建起了一座湘妃庙。

然而不知什么原因，从唐代开始，很多人将"湘妃庙"称为"湘女庙"。既如此，"湘妃"也就被称作"湘女"。

李白《望夫石》诗云：

> 仿佛古容仪，含愁带曙辉。露如今日泪，苔似昔年衣。有恨同湘女，无言类楚妃。寂然芳霭内，犹若待夫归。

这是目前能查到的最早将"湘君""湘夫人""湘妃"称为"湘女"的诗篇。

从那以后，以"湘女"形之于诗的不胜枚举。如元代的陈孚有句谓："染竹痕深湘女泪。"而元明间张昱有句云："江上数声湘女瑟，烟中一曲竹枝歌。"

当然，如同所有文人墨客的咏古诗一样，那些描写湘女的诗意大多很陈腐。而真正让人感同身受的还是本文开篇所引的毛泽东那两句：

> 斑竹一枝千滴泪，红霞万朵百重衣。

不仅因为作者是湘人,更因为诗篇中包含着作者的真情、血泪。

饶有意思的是,以往讲"湘女"的,大多只突出她们的"恨"。不知是觉得对于她们这样的身份,称之"多情"不大合适,还是觉得既已如此,其多情自在不言中。

说不清从什么时候开始,"湘女"的"湘"被人们从"湘妃"的"湘",一变而为"湘江流域"的"湘",再变而至于"湘省"的"湘",于是乎有"恨"也就单单地成为"多情"了。

这当然是令人愉快的事。毕竟,澄碧的湘江哺育出来的,无论男女,大多是性情中人。

愿从今以后的湘女不再有恨,永远多情。

参考文献

白舒荣、何由：《白薇评传》，湖南人民出版社，1983。

蔡尚思：《中国思想研究法》，湖南人民出版社，1988。

曹树基：《湖南人由来新考》，载《历史地理》第9辑，上海人民出版社，1990。

陈谷嘉、朱汉民：《湖湘学派源流》，湖南教育出版社，1992。

陈桥驿：《郦道元与〈水经注〉》，上海人民出版社，1987。

段超：《陶澍与嘉道经世思想研究》，中国社会科学出版社，2001。

葛剑雄：《中国人口发展史》，福建人民出版社，1991。

何炳棣：《明清社会史论》，美国哥伦比亚大学出版社，1962。

何介钧：《湖南商周时期古文化的分区探索》，载《湖南考古辑刊》第二集，岳麓书社，1984。

何业恒：《湖南农业发展史》，湖南科技出版社，1988。

蒋廷黻：《蒋廷黻回忆录》，岳麓书社，2003。

林增平：《近代湖湘文化初探》，载《历史研究》1988（4）。

林增平、范忠程主编：《湖南近代史》，湖南师范大学出版社，1991。

凌宇：《沈从文传》，北京十月文艺出版社，1988。

毛况生主编：《中国人口·湖南分册》，中国财政经济出版社，1987。

漆侠：《求实集》，天津人民出版社，1982。

钱基博：《近百年湖南学风》，岳麓书社，1985。

钱穆:《中国近三百年学术史》,中华书局,1986。
山风编:《叶浅予自叙》,团结出版社,1997。
商衍鎏:《清代科举考试述录》,三联书店,1983。
谭其骧:《长水集》,人民出版社,1987。
汪洪编:《左右说丁玲》,中国工人出版社,2002。
夏剑钦:《王夫之研究文集》,河北教育出版社,1995。
徐俊鸣:《广州史话》,上海人民出版社,1984。
杨树达:《积微翁回忆录》,上海古籍出版社,1986。
张伟然:《湖南历史文化地理研究》,复旦大学出版社,1995。
郑焱:《近代湖湘文化概论》,湖南师范大学出版社,1996。
周武:《陈旭麓先生传》,载《史魂》,上海辞书出版社,2002。
周振鹤、游汝杰:《方言与中国文化》,上海人民出版社,1986。
朱维铮编:《梁启超论清学史二种》,复旦大学出版社,1984。
邹小站:《章士钊社会政治思想研究(1903—1927年)》,湖南教育出版社,2001。
《中国民间歌曲集成》湖南卷编辑委员会编:《湖南民间歌曲集》,中国ISBN中心,1981。

后记

这本书初稿完成于2006年3月。应学兄胡阿祥教授之命，放在一套《河流文明丛书》里。出版时已是2010年。外地的出版社，又拖了那么久，各种不尽如人意可想而知。

多谢家乡人对它给予了足够的关注。先是赵颖慧女史在家乡的报纸上对它作了推介，之后多家出版社表达了希望将它再版的意愿。湖南人民出版社先后请王思桐、张卉两位女史跟我对接。两位女史为此做了大量琐碎而卓有成效的工作，这才让这本小书有了现在这样焕然一新的面貌。

想必读者看得出来，这本书我是用了心写的。写作过程中，我一直天人交战。又想把对乡邦故土的情感融注进去，又不愿丧失学者的立场。总体上还是很克制。此次再版前，有人建议我对它作点修订，或增补。我没有采纳。理由是：这本书是我四十岁写的，如今十几年过去，心境已大不如昔。与其涂涂抹抹，不如以本来面目示人。有些新的想法，且待将来再说。

张伟然
2024-4-30
于思玄堂

本作品中文简体版权由湖南人民出版社所有。
未经许可,不得翻印。

图书在版编目(CIP)数据

湘江/张伟然著.--长沙:湖南人民出版社,2024.7
ISBN 978-7-5561-3342-0

Ⅰ.①湘… Ⅱ.①张… Ⅲ.①文化史-湖南 Ⅳ.①K296.4

中国国家版本馆CIP数据核字(2024)第051573号

湘江
XIANG JIANG

著　　者:张伟然
出版统筹:陈　实
监　　制:傅钦伟
产品经理:张　卉
责任编辑:陈　实　张　卉
特约编辑:王思桐
责任校对:张命乔
装帧设计:陶迎紫

出版发行:湖南人民出版社有限责任公司[http://www.hnppp.com]
地　　址:长沙市营盘东路3号　　邮　　编:410005　　电　　话:0731-82683313
印　　刷:长沙超峰印刷有限公司
版　　次:2024年7月第1版　　印　　次:2024年7月第1次印刷
开　　本:787 mm×1092 mm　1/32　　印　　张:9
字　　数:168千字
书　　号:ISBN 978-7-5561-3342-0
定　　价:49.00元

营销电话:0731-82221529　　(如发现印装质量问题请与出版社调换)